CATALOGUE

DE

LIVRES RARES

ET PRÉCIEUX

COMPOSANT

LA BIBLIOTHÈQUE DE M. G. K***

Bible d'Olivetan, aux armes du comte d'Hoym. — Confessions de saint Augustin, aux armes de Mᵐᵉ de Pompadour. — Essais de Michel de Montaigne, éditions de 1588, in-4, et 1595, in-fol. — Hippocrate, 1587, aux armes de Marguerite de Valois. — Métamorphoses d'Ovide, figures de Le Mire et Basan, in-4. — Roman de la Rose, in-fol. goth. — Œuvres de maistre Alain Chartier, éditions de 1526, in-fol., et 1529, in-8. — Le Champion des Dames, in-fol. goth. — Œuvres de Guill. Coquillart, 1535. — Œuvres de Cl. Marot. *Lyon, Dolet,* 1542. — Œuvres de Louize Labé, 1556, in-8. — Diverses poésies du sieur de la Fresnaie-Vauquelin, 1605, in-8. — Les Baisers, poème par Dorat. — La Fontaine. Fables choisies, avec les figures d'Oudry. — Fables nouvelles, par Dorat. Exemplaire en grand papier *non rogné.* — Contes de la Fontaine, 1762, 2 vol. in-8. — Œuvres satiriques de P. Corneille-Blessebois, 1676. *Exemplaire non rogné.* — Choix de Chansons mises en musique par M. de Laborde, 4 tomes en 2 vol in-8. — Mistère du Viel Testament, in-fol. goth. — L'Illustre Théâtre de P. Corneille, 1644. — Œuvres de M. de Molière, éditions de 1666, 2 vol. in-12; 1674, 7 vol. in-12; 1682, 8 vol. in-12. — Racine. Œuvres, 1687, 2 vol. in-12. — Amours pastorales de Daphnis et Chloé, 1718, in-12. Reliure de Derome, avec large dentelle. — Méliadus de Léonnoys, 1528, in-fol. — Très élégante hystoire de Perceforest, 1528, in-fol. Etc., etc.

PARIS

CH. PORQUET, LIBRAIRE

1, QUAI VOLTAIRE, 1

1882

CATALOGUE

DE

LIVRES RARES

ET PRÉCIEUX

COMPOSANT

LA BIBLIOTHÈQUE DE M. G. K***

LA VENTE AURA LIEU

*Le Lundi 24 avril 1882 et les deux jours suivants
à deux heures précises*

HOTEL DES COMMISSAIRES-PRISEURS
Rue Drouot, 5

SALLE N° 3, AU PREMIER

Par le ministère de M° MAURICE DELESTRE, commissaire-priseur,

Rue Drouot, 27

Assisté de M. CH. PORQUET, libraire, 1, quai Voltaire.

Exposition, le Dimanche 23 avril 1882.

CONDITIONS DE LA VENTE

La vente se fait au comptant.

Les acquéreurs payeront 5 p. 100 en sus des enchères, applicables aux frais.

Les livres devront être collationnés sur place dans les vingt-quatre heures de l'adjudication. Passé ce délai ou une fois sortis de la salle de vente, ils ne seront repris pour aucune cause.

M. CH. PORQUET remplira les commissions des personnes qui ne pourraient assister à la vente.

CATALOGUE

DE

LIVRES RARES

ET PRÉCIEUX

COMPOSANT

LA BIBLIOTHÈQUE DE M. G. K***

Bible d'Olivetan, aux armes du comte d'Hoym. — Confessions de saint Augustin, aux armes de Mme de Pompadour. — Essais de Michel de Montaigne, éditions de 1588, in-4, et 1595, in-fol. — Hippocrate, 1587, aux armes de Marguerite de Valois. — Métamorphoses d'Ovide, figures de Le Mire et Basan, in-4. — Roman de la Rose, in-fol. goth. — Œuvres de maistre Alain Chartier, éditions de 1526, in-fol., et 1529, in-8. — Le Champion des Dames, in-fol. goth. — Œuvres de Guill. Coquillart, 1535. — Œuvres de Cl. Marot. *Lyon, Dolet,* 1542. Œuvres de Louize Labé, 1556, in-8. — Diverses poésies du sieur de la Fresnaie-Vauquelin, 1605, in-8. — Les Baisers, poème par Dorat. — La Fontaine. Fables choisies, avec les figures d'Oudry. — Fables nouvelles, par Dorat. Exemplaire en grand papier *non rogné.* — Contes de la Fontaine, 1762, 2 vol. in-8. — Œuvres satiriques de P. Corneille-Blessebois, 1676. *Exemplaire non rogné.* — Choix de Chansons mises en musique par M. de Laborde, 4 tomes en 2 vol in-8. — Mistère du Viel Testament, in-fol. goth. — L'Illustre Théâtre de P. Corneille, 1644. — Œuvres de M. de Molière, éditions de 1666, 2 vol. in-12; 1674, 7 vol. in-12; 1682, 8 vol. in-12. — Racine. Œuvres, 1687, 2 vol. in-12. — Amours pastorales de Daphnis et Chloé, 1718, in-12. Reliure de Derome, avec large dentelle. — Méliadus de Léonnoys, 1528, in-fol. — Très élégante hystoire de Perceforest, 1528, in-fol. Etc., etc.

PARIS

CH. PORQUET, LIBRAIRE

1, QUAI VOLTAIRE, 1

—

1882

ORDRE DES VACATIONS

Première Vacation. — *Lundi 24 avril 1882.*

	Numéros.
Histoire.	369 à 379
Théologie.	44 à 59
Belles-Lettres.	142 à 180
Théologie.	1 à 43
Jurisprudence.	60 à 61
Sciences et Arts.	62 à 76

Deuxième Vacation. — *Mardi 25 avril.*

Belles-Lettres.	117 à 121
—	111 à 116
—	100 à 110
Sciences et Arts.	77 à 79
Belles-Lettres.	326 à 343
Histoire.	344 à 368
Beaux-Arts.	83 à 99
—	80 à 82
Belles-Lettres.	227 à 237
— (Racine).	251 à 260
— (Molière).	239 à 250
— (Molière 1666).	238

TROISIÈME VACATION. — *Mercredi 26 avril.*

	Numéros.
BELLES-LETTRES.	214 à 226
—	270 à 325
—	122 à 141
—	262 à 269
—	181 à 213
— Amours de Daphnis et Chloé . . .	261

CATALOGUE
DES
LIVRES RARES
ET PRÉCIEUX
COMPOSANT
LA BIBLIOTHÈQUE DE M. G. K***

THÉOLOGIE

I. ÉCRITURE SAINTE

1. TEXTES ET VERSIONS DE LA BIBLE ET LIVRES SÉPARÉS DE L'ANCIEN ET DU NOUVEAU TESTAMENT

1. Biblia sacra utriusque Testamenti, et vetus quidem post omnes omnium hactenus æditiones, opera D. Sebast. Munsteri euulgatum, et ad Hebraicam veritatem quoad fieri potuit redditum, collatis... Novum vero non solum ad Græcam veritatem, verumetiam ad multorum utriusque linguæ et interpretum et codicum fidem, opera D. Eras. Rot. ultimo recognitum et æditum. *Tiguri, apud Christophorum Froschoverum*, 1539. In-8, rel. en bois, recouverte de peau de truie, avec arabesques et ornements à froid, fermoirs. (*Rel. anc.*)

Exemplaire avec de nombreuses notes manuscrites, attribuées au célèbre réformateur Philippe Mélanchthon. Ses initiales se trouvent sur les gardes et sur les titres.

Édition non citée par Brunet.

2. La Bible qui est toute la sainte escripture en laquelle sont contenus le vieil Testament et le Nouveau, translatez en françoys, le vieil de lebrieu et le nouveau du grec. Aussi deux amples tables, l'une pour l'interpretation, l'autre en forme d'indice pour trouuer plusieurs sentences et matieres. (A la fin :) *Acheue d'imprimer en la ville et conte de Neufchastel, par Pierre de Wingle dict Pirot picard, L'an M.D.XXXV* [1535], *le iiij iour de Juing.* In-fol. goth. à 2 col. mar. rouge, dos orné, fil. tr. dor. (*Rel. anc.*)

Première Bible française publiée par les protestants, elle est fort recherchée aujourd'hui. La traduction est de Jacq. Léfèvre d'Estaples, revue par P. Robert Olivetan, aidé par J. Calvin. Le verso du titre est occupé par une épître latine de Calvin, et le 2º feuillet par une épître de Robert Olivetan à l'Église de Jésus-Christ.

Les auteurs des tables sont H. Rosa et Eutychus Deper.

Superbe exemplaire au chiffre et aux armes du comte d'Hoym.

3. Liber Psalmorum cum canticis et hymnis. *Jussu reginæ matris impressus Parisiis, apud Abel Langelier, in prima columna Aulæ Palatij*, 1586. In-12, réglé, titre gravé, mar. vert, riche dorure à petits fers, volutes et rinceaux de feuillage couvrant le dos et les plats, semis de marguerites et emblèmes du Saint-Esprit, fil., tr. dor. (*Rel. anc.*)

Superbe exemplaire dans une très-belle et très-riche reliure. Édition faite à l'usage de la Cour de Henri III. Le titre gravé porte les armes et le chiffre couronné de la reine Catherine de Médicis.

4. Psalterium Davidis, ad exemplar Vaticanum anni

1592. *Lugduni, apud Joh. et Dan. Elsevirios, anno
1653*. Pet. in-12, réglé, titre gravé, mar. citron, dos
orné, large dent., doublé de tabis, tr. dor. (*Rel. anc.*)

<small>Très-bel exemplaire provenant de la vente J.-T. Payne, où il a été adjugé £. 11. 11. 0, cité par M. Willems dans son ouvrage sur les Elzeviers. Hauteur, 130 mill.</small>

5. Les Pseaumes de David, traduits en françois selon
l'Hebreu. Distribuez pour tous les jours de la semaine;
avec les cantiques, hymnes, oraisons et autres prières
de l'Église. *Paris, E. Josset,* 1698. In-12, réglé,
front. gravé, mar. noir, doublé de mar. rouge, large
dent., tr. dor. (*Rel. anc.*)

6. Le Pseautier de David, traduit en françois avec des
notes courtes, tirées de S. Augustin et des autres
Pères. *A Paris, chez Elie Josset,* 1709. Pet. in-12,
mar. vert, dos orné, large dent., doublé de mar.
citron, dent. en argent, tr. dor. (*Rel. anc.*)

7. Les Pseaumes de David, traduits en françois selon
l'hebreu. Avec les cantiques, les hymnes et les oraisons de l'Église. Nouvelle édition. *A Paris, chez
L. Josse,* 1713. Pet. in-8, réglé, frontisp. gr., mar.
vert, dos orné, large dent., doublé de mar. rouge,
dent., tr. dor. (*Rel. anc.*)

<small>Bel exemplaire de Ant.-Aug. Renouard, dont le nom est doré à l'intérieur du volume.</small>

8. Le Nouveau Testament, auquel est demonstre Jhesu
Christ nostre Sauveur et en plusieurs lieu (*sic*) predict
par les prophetes, avec la declaration des œuvres et
myracles qu'il a fait et avons ensuivy la plus corecte
copie imprimée. 1539. (A la fin :) *Imprime en Anvers,*

sus le pont de Chambre à l'escu d'Artoys, par moy Jean de Liesvelt, l'an mil cinq cens trente et neuf le xiii iour de novembre. Pet. in-12, fig. sur bois, mar. brun, dos et plat recouverts d'ornements à froid, doublé de tabis, tr. dor. (Gruel.)

> Édition non citée par Brunet, renfermant un grand nombre de figures gravées sur bois.

9. LE NOUVEAU TESTAMENT de Nostre-Seigneur Jesus-Christ, traduit en françois, selon l'édition vulgate, avec les différences du grec (par Arnauld, Nicole et de Sacy). *A Mons, chez Gaspard Migeot (Amsterdam, D. Elzevier,* 1667). 2 vol. pet. in-8, front. gr., mar. bleu, dos orné, fil., tr. dor. (*Rel. anc.*)

> ÉDITION ORIGINALE de cette célèbre traduction.
> Bel exemplaire.

10. Le Nouveau Testament de Nostre-Seigneur Jésus-Christ, traduit en françois selon l'édition vulgate, avec les différences du grec. *A Mons, chez Gaspard Migeot,* 1667. 2 vol. in-12, mar. rouge, dos orné, fil., tr. dor. (*Rel. anc.*)

> Réimpression de l'édition originale, parue la même année.

11. Le Nouveau Testament de Nostre-Seigneur Jésus-Christ, traduit en françois selon l'édition vulgate, avec les différences du grec. Nouvelle édition. *A Mons, chez Gaspard Migeot,* 1678. 2 vol. pet. in-12, mar. rouge, fil. à froid, tr. dor. (*Rel. anc.*)

12. Le Nouveau Testament de Nostre-Seigneur Jésus-Christ, traduit sur l'ancienne édition latine, corrigée par le commandement du pape Sixte V et publiée par l'autorité du pape Clément VIII, par le R. P. De

Amelote. Nouvelle édition, revûë et corrigée. *A Lyon, chez Pierre Valfray*, 1710. 2 vol. in-12 réglés, mar. rouge, dos orné, fil., coins, doublés de mar. olive, dent., tr. dor. (*Rel. anc.*)

A l'intérieur du volume se trouve le chiffre E. C. renfermé dans un cœur transpercé de 2 flèches.

13. LES EPISTRES SAINCT POL, glosees, translatees de latin en françois (par un docteur en theologie de lordre de monseigneur sainct Augustin). (A la fin :) *Ce present liure a este acheue d'imprimer par Ant. Verard, le xviie jour de janvier mil cinq cens et sept* [1507]. Pet. in-fol. goth., fig. sur bois, vélin.

Bel exemplaire. C'est un de ceux signalés par Brunet, comme renfermant une page de plus, donnant la souscription reproduite ci-dessus et la mention d'un privilège accordé pour trois ans à A. Vérard.

2. HISTOIRES ABRÉGÉES ET FIGURES DE LA BIBLE

14. LE GRANT VITA IEXPĪ, translate de latin en françoys. (Au verso du feuillet 150 de la 4e partie :) *Cy finist le tres bel et prouffitable liure des medilations sur la vie de Iesus Christ prins sur les quatre euangelistes. Et compose par venerable pere Ludoulphe, religieux de l'ordre des Chartreux. Et translate de latin en françois, par venerable, scientificque et eloquente personne frere Guillaume Lemenand... Imprime a Paris, pour Anthoine Verard, marchant libraire, demourant en la rue Saint-Jaques, pres petit pont, a lymage sainct Iehan l'euangeliste, ou au Palais, au premier pillier, deuant la chapelle ou len chante la messe de messeigneurs les presidens. E. d.*

4 part. en 2 vol. in-fol. goth., fig. sur bois, mar. rouge, dos orné, fil., tr. dor. (*Rel. anc.*)

> Superbe exemplaire de cette précieuse édition, publiée entre les années 1500 et 1502, époque à laquelle Verard habitait la rue Saint-Jacques, près le Petit Pont.

15. La Vie de Nostre-Seigneur Jesus-Christ par figures, selon le Texte des quattre Euangelistes, auec toutes les Evangiles, Epistres et Propheties de toute lannée, chantées en loffice de la messe, auec aucunes oraisons (par F. Guillaume de Branteghem). (A la fin :) *Imprime en Anuers, par Matthieu Crome, Lan M.D. xl*. [1540]. Pet. in-8 goth., fig. mar. bleu, fil., tr. dor.

> Ouvrage orné d'un grand nombre de jolies gravures sur bois.

16. Des Sept Paroles de Jesus-Christ sur la Croix, quatrième opuscule du cardinal Bellarmin, traduit du latin par le Père J. Brignon. *A Paris, chez Anisson*, 1700. In-12, mar. rouge, dos orné, fil., tr. dor. (*Rel. anc.*)

> Aux armes de Madame Adélaïde, fille du roi Louis XV.

17. Historiarum Veteris Testamenti Icones ad vivum expressæ, una cum breui, sed quoad fieri potuit, dilucida earumdem et latina et gallica expositione. *Lugduni, sub Scuto Coloniensi*, 1539. (A la fin:) *Excudebant Lugduni Melchior et Gaspar Trechsel fratres*, 1539. Pet. in-4, fig., mar. rouge, fil., tr. dor. (*Bedford.*)

> Seconde édition, contenant 94 figures gravées d'après les dessins de Hans Holbein. Les vers français, qui se trouvent au bas de chaque figure, sont de Gilles Corrozet, qui a signé de sa de-

vise : *Plus que moins*, une épître au lecteur placée à la fin du volume.

18. Iesu Christi Dei, Domini, salvatoris n̄ri Infantia. I. Messager excudit. *S. l. n. d.* In-8, demi-rel. dos et coins veau fauve, éb.

> Jolie suite de 13 figures, exécutées par J. Messager, vers 1620. Grandes marges.

19. Adnotationes et meditationes in evangelia quæ in sacrosancto missæ sacrificio toto anno leguntur, cum evangeliorum concordantia historiæ integritati sufficienti, auctore Hieronymo Natali. *Antverpiæ excudebat Martinus Nutius*, 1594-1595. In-fol. front. et fig., mar. rouge, dos orné, fil. à la Du Seuil, tr. dor. (*Allô.*)

> Superbe ouvrage illustré d'un frontispice et de 153 figures, très-finement gravées par Collaert, Wierix, etc.
> Exemplaire du premier tirage, avec le frontispice à la date de 1593.

20. APOCALIPSIS CUM FIGURIS. (A la fin :) *Impressa denuo Nurnberge p Albertum Durer pictorem, anno christiano millesimo quingentesimo vndecimo.* Gr. in-fol. goth. à 2 col., fig., mar. olive jans., tr. dor.(*Coverly.*)

> Suite de 16 figures, y compris celle du titre, gravées sur bois, d'après les dessins d'Albert Durer. Les figures, de la grandeur de pages, occupent le recto et le texte est au verso. Raccommodages.

II. LITURGIE

21. HORALOGIUM (*sic*) DEUOTIONIS. *S. l. n. d.* In-12. — De vita et beneficiis saluator. Jhesu Cristi deuotissime meditationes cum gratiarum actione. *S. l. n. d.* In-12.

2 part. en un vol. in-12, mar. rouge, fil. à froid, tr. dor. (*Smith.*)

D'après un exmplaire décrit dans le *Supplément au Manuel*, ces deux volumes auraient été imprimés à *Cologne*, vers 1485, par *Lyskirchen*. Le premier ouvrage renferme un certain nombre de jolies vignettes, gravées sur bois et sur métal; plusieurs sont à fond criblé.

Très-bel exemplaire, grand de marges.

22. [Psalterium et Breviarium latinum.] — (A la fin :) *Psalterium et Breuiarium iuxta chor̄. ecclē. patauieñ. explicit feliciter. Erhardi Ratdolt viri solertis mira imprimendi arte Auguste 4 ydus maij* 1490. In-8, veau estampé, tr. dor. (*Rel. anc.*)

Exemplaire imprimé sur vélin, avec initiales et bordures enluminées.

Brunet cite deux éditions de ce bréviaire à l'usage de Padoue, imprimées à Augsbourg, par Erhard Ratdolt, en deux parties; la première est celle que nous annonçons. Ce volume, qui contient la partie d'été, est conforme à la description donnée par Van Praet.

Erhard Ratdolt avait précédemment exercé la profession d'imprimeur à Venise, et se servait des caractères gravés et fondus par Jenson.

23. Breviarium Romanum nuper correctum, et emendatum, in quo, sanctorum communia cum suis psalmis, hymnis, et lectionibus, ad commodum dicentium officium, sunt ordinata. *Venetiis, apud Iunctas*, 1563. In-4 goth. à 2 col., mar. rouge, comp. sur les plats, dorés en plein, tr. dor., ciselée et peinte. (*Rel. anc.*)

Riche reliure italienne aux armes du pape Pie V.

24. Aurea expositio hymnorum una cum textu. (A la fin :) *Finit compendiosa hymnorum expositio : nedum difficilium verborum significata verum etiam sententiarum obscuritatem lucidissima reddit. Im-*

pressaq₃ parisius per Anthonia Cayllaut. Anno domini millesimo cccc lxxxxii [1492] *die x et viiii marcii.* In-8 goth. de 43 ff. non chiffr., *dérelié.*

Le titre du volume porte la marque de Antoine Caillaut, au verso une figure sur bois.

Les impressions de Caillaut sont rares, et on n'en connaît qu'un petit nombre avec date, ce qui explique que Lottin ne lui assigne que la date de 1483.

25. MISSALE BABENBERGENSE. (Au recto du dernier feuillet :) *Ad honorem omnipotentis dei gloriosissime que virginis marie et sancti michaelis finit feliciter diuinū hoc missale sacerrimi ordinis bti Benedicti p̄ iohannē Sensenschmidt imōtis monachorū loco penes nobilē urbē Babenbergensem anno a partu virginis salutifero mcccc lxxxj* [1481] *die xxxj julii...* In-fol. goth. à 2 col. de 3 ff. non chiffr., 257 ff. chiff. de 32 lignes à la page, avec plain-chant noté, mar. brun, orn. à froid, tr. dor. (*Bedford.*)

Précieux exemplaire imprimé sur vélin. Brunet cite deux éditions de ce missel, imprimées par Jean Sensenschmidt en 1490 et 1491, mais il ne cite pas celle que nous décrivons. Le texte est imprimé en rouge et noir, les lettres capitales sont peintes en rouge.

Un exemplaire, également imprimé sur vélin, est conservé au British Museum ; il a, ainsi que celui-ci, les trois premiers ff. manuscrits. Les ff. 139 et 140 sont remplacés par un seul feuillet manuscrit ; au verso du feuillet 141 se trouve une grande figure sur bois coloriée ; entre les ff. 147 et 149 ont été intercalés 2 ff. mss. non chiffrés.

26. L'OFFICE DE LA VIERGE MARIE pour tous les temps de l'année, reueu et corrigé de nouueau selon le sainct Concile de Trante, avec toutes les prières des heures du Jour et de la Nuict composées par le R. P. Coton, enrichy de figures de nouuelles inventions, dédiées

à la Royne. *Paris, P. Rocolet*, 1635. In-8, fig., mar. rouge, riches dorures à petits fers, comp. de mos. de mar. vert et citron, doublé de tabis, tr. dor., ciselée et peinte.. (*Le Gascon*.)

<small>Jolie reliure portant le chiffre M. L. T. Figures coloriées.</small>

27. L'Office de la Semaine Sainte, à l'usage de la maison du Roy, imprimé par exprès commandement de Sa Majesté, avec les cérémonies de l'Église, nouvelle édition. *A Paris, de l'impr. de Jacq. Collombat*, 1743. In-8, fig., mar. rouge, comp. arabesques et feuillages, dorures en plein, tr. dor. (*Rel. anc.*)

<small>Aux armes de France.</small>

28. Precationes ex veteribus orthodoxis Doctoribus : ex ecclesiæ hymnis et canticis : ex Psalmis deniq; Davidis collectæ : et nunc recens recognitæ et auctæ, per Andream Musculum D. *Lipsiæ, an.* 1575. In-12, mar. brun, compart., arabesques et rinceaux de feuillages sur le dos et sur les plats, , tr. dor. (*Rel. anc.*)

<small>Jolie reliure. Aux premières armes de J.-Aug. de Thou. De la bibliothèque de J.-Ch. Brunet.</small>

III. SAINTS-PÈRES

29. Confessio Theologica ex D. Augustini Confess. et Meditationū libris pulchre collecta. *Coloniæ Agrippinæ, apud Cornelium ab Egmondt, A° M. DC. XXIX.* [1629]. In-32, mar. rouge, dos orné, compart., milieux et fleurons à petits fers, incr. de mar. brun, tr. dor. (*Le Gascon*.)

30. Les Confessions de St Augustin, traduites en fran-

çois par M. Du Bois. *Paris, Impr. royale,* 1658. 3 vol. in-12, mar. rouge, dos ornés, fil., doublés de tabis, tr. dor. (*Rel. anc.*)

Bel exemplaire aux armes de Mme de Pompadour.

31. Sermones Bernardi in Duytssche. (A la fin :)... *bi mi peter os van breda wonēdete zvolle inden iaer ons heren M. cccc en xcv.* [1495]. In-fol. goth., fig. sur bois, veau fauve, dos et plats ornés, comp. à froid, tr. dor. (*Claessens.*)

Précieuse édition, ornée de très-belles gravures en xylographie ; quelques-unes sont coloriées. Les caractères employés par Peter Van Os sont semblables à ceux de G. Leeu à Gouda, et la marque qui se trouve à la fin de ce volume de saint Bernard est à peu près la même que celle du célèbre imprimeur de Gouda, reproduite par Brunet, tome II, col. 676.

IV. THÉOLOGIENS

1. THÉOLOGIE DOGMATIQUE ET MORALE

32. Richardi sancti Victoris Scoti, canonici regularis sancti Augustini, Opera quæ hactenus apparuere omnia, in duas partes diuisa, unicumque in volumen congesta : nunc primum in Germania correctius edita. *Coloniæ Agrippinæ, apud Ioannem Gymnicum sub Monocerote,* anno M. DC. XXI [1621.] In-4, mar. brun, semis de fleurs de lis et d'L couronnés sur le dos et les plats, tr. dor. (*Rel. anc.*)

Jolie reliure aux armes et au chiffre de Louis XIII.

33. La Théologie naturelle de Raymond Sebon, traduicte nouuellement en françois par messire Michel, seigneur

de Montaigne. *Paris, Michel Sonnius*, 1581. In-8 réglé, veau, fers à froid. (*Rel. anc.*)

34. Les Provinciales ou Lettres escrites par Louis de Montalte (Bl. Pascal) à un provincial de ses amis et aux RR. PP. Jésuites, sur le sujet de la morale et de la politique de ces pères. *A Cologne, chés Pierre de la Vallée,* 1657. In-4, mar. rouge, dos orné, fil., tr. dor. (*Capé.*)

<small>Bel exemplaire de l'Édition originale publiée en dix-huit lettres imprimées et vendues séparément avec le titre général. Hauteur: 248 mill.</small>

35. Instructions théologiques et morales sur le Symbole, par feu monsieur Nicole. *A Paris, chez Élie Josset*, 1706. 2 vol. in-12, réglés, mar. bleu, dent., dos orné, doublé de mar. citron, dent., tr. dor. (*Rel. anc.*)

<small>Bel exemplaire.</small>

36. Traité de la Nature et de la Grace, par l'auteur de la Recherche de la Vérité (Malebranche); dernière édition, augmentée de plusieurs éclaircissemens qui n'ont point encore paru. *A Rotterdam, chez Reinier Leers*, 1684. — Défense de l'auteur de la Recherche de la Vérité, contre l'accusation de M. de La Ville. *Rotterdam, Reinier Leers*, 1684. 2 parties en 1 vol. in-12 réglé, mar. vert, dos orné, dent., doublé de mar. rouge, dent., tr. dor. (*Rel. anc.*)

37. Traitté de la perfection du Chrestien, par l'éminentissime Cardinal, duc de Richelieu. *A Paris, chez Antoine Vitré*, 1646. In-4, front. gravé, mar.

rouge, dos orné, fil. à la Dú Seuil, tr. dor. (*Rel. anc.*)

> Exemplaire aux armes du cardinal de Richelieu.
> Le frontispice représente le cardinal, à genoux, offrant son livre à la Vierge.

38. Additions au Memorial de la Vie chrestienne où il est traité de la perfection de l'amour de Dieu, et des principaux mysteres de la vie de nostre Sauveur, composé en espagnol par le R. P. Louis de Grenade, traduit de nouveau en françois par M. Girard, conseiller du Roy en ses conseils. *Paris, P. le Petit,* 1662. In-4, mar. rouge, dos orné, fil., tr. dor. (*Rel. anc.*)

39. Le Miroir du chrestien, contenant un Discours de toutes les vertus en général et en particulier, et de la nature des anges, par messire Paul-François de Morigni. *A Paris, chez Emm. Langlois*, 1677. Pet. in-12 réglé, mar. rouge, dos orné, riches compart., dorure en plein au pointillé, semis de fleurs de lis et d'L couronnées, tr. dor. (*Le Gascon.*)

> Jolie reliure aux armes et chiffre de Louis XIV.

40. L'Existence réfléchie, ou Coup d'Œil moral sur le prix de la vie (par Julie Caron, sœur de Caron de Beaumarchais). *Paris, Belin*, 1784. In-12, mar. rouge, dos orné, fil., tr. dor. (*Rel. anc.*)

> Bel exemplaire en papier vélin. Cet ouvrage, qui a été attribué à Demandre, est un extrait des *Nuits* d'Young et des *Méditations* d'Hervey.

41. Cy commence une petite instruction et manière de viure pour une femme seculiere : comme elle se doit conduire en pensees, parolles et œuvres tout au long

du iour pour tous les iours de sa vie pour plaire à Nostre-Seigneur et amasser richesses celestes au proffit et salut de son âme. *Imprime a Troyes par Jean du Ruau.* Pet. in-8 goth. de 24 ff., mar. brun, jans., tr. dor. (*Coverly.*)

<small>Le titre est renfermé dans un joli encadrement; le dernier f. contient une *Oraison* à la Vierge et à Jésus-Christ, en vers.</small>

42. De la Modestie des femmes et des filles chretiennes, dans leurs habits et dans tout leur exterieur, par Timothée Philalethe. *A Lyon, chez Leonard Plaignard*, 1686. Pet. in-12, mar. bleu, jans., tr. dor. (*Coverly.*)

43. Catéchisme des gens mariés (par le P. Féline). S. l. n. d. (*Caen*, 1782). In-12, cart.

<small>Rare.</small>

2. THÉOLOGIE PARÉNÉTIQUE, ASCÉTIQUE ET MYSTIQUE
EXERCICES DE PIÉTÉ. — PRÉPARATION A LA MORT.

44. Sermons de M. Massillon, évêque de Clermont. Petit Carême. *Paris, veuve Estienne et fils*, 1745. In-12, mar. vert, jans., tr. dor. (*Quinet.*)

<small>ÉDITION ORIGINALE.</small>

45. Petit Carême de Massillon, suivi des sermons sur la mort du pécheur et la mort du juste, sur l'enfant prodigue, etc. *A Paris, chez Lefèvre*, 1824. Gr. in-8, portr., demi-rel. dos et coins, mar. brun, tête dor., éb. (*Petit.*)

<small>Grand papier jésus vélin. Portrait sur chine avant la lettre. De la Collection des Classiques françois.</small>

46. GERSON. DE L'IMITATION DE JÉSUS-CHRIST, traduite d'après un manuscrit de 1440, par l'abbé Delaunay; édition nouvelle, corrigée, augmentée d'une nouvelle préface. *Paris, Tross,* 1869. In-8, texte encadré et fig., mar. brun, ornements et fil. à froid, doublé de mar. rouge, compart. de fil., milieux, tr. dor., étui. (*Gruel.*)

> IMPRIMÉ SUR PEAU DE VÉLIN. Les encadrements du texte sont tirés de différents livres d'Heures et reproduisent les scènes de la vie de Jséus-Christ; la Danse des Morts, etc.

47. Traité de l'éternelle félicité des Saints, divisé en cinq livres et traduit du grand cardinal Bellarmin. *Paris, P. Rocolet,* 1656. In-12, mar. rouge, dos orné, dorure en plein à petits-fers, tr. dor. (*Rel. anc.*)

48. Traittez sur la Priere publique, et sur les dispositions pour offrir les SS. Mysteres et pour y participer avec fruit. *Paris, J. Estienne,* 1708. 2 tomes en 1 vol. pet. in-12, réglé, mar. citron, doublé de mar. vert, dent., tr. dor. (*Rel. anc.*)

> Le privilège est accordé au sieur Polier ecclésiastique.

49. Eruditorium Penitentiale. Incipit Eruditorium Penitentiale cuilibet christicole pernecessarium compendiose auctoritatibus sacre scripture insignitum. *S. l. n. d.* Pet. in-4 goth. de 76 ff. non chiffr., fig. sur bois, mar. brun jans., tr. dor. (*Clarke.*)

> Édition imprimée en 1497 par J.-P. Manstener, de Paris, et ornée de 17 curieuses figures.
> Le permier feuillet est refait.

50. Tradition de l'Église, touchant l'Eucharistie, re-

cueillie des SS. Pères et autres auteurs ecclésiastiques (par A. Arnauld). *Paris, P. Lepetit*, 1686. In-12, réglé, mar. rouge, jans., fil. à froid, doublé de mar. rouge, dent., tr. dor. (*Rel. anc.*)

<small>Bel exemplaire de la bibliothèque du baron de La Roche Lacarelle.</small>

51. Réflexions des saints Pères sur la Sainte Eucharistie, appliquées aux Évangiles des Dimanches, et aux Festes des Saints pour l'utilité de ceux qui y veulent communier. *A Paris, chez Charles Robustel*, 1708. In-12, réglé, mar. bleu, mosaïque de mar. rouge sur le dos et les plats, doublé de mar. rouge, large dent., tr. dor. (*Padeloup*.)

<small>Très-jolie reliure finement exécutée.</small>

52. Spiegel om well te Sterven, Aanwyzende met Beeltenissen van het Lyden onses Zaligmaakers Jesu Christi Alleswat een Zieke moet doen om Gelukkig te Sterven, etc., door den Vader David de la Vigne. *Amsterdam, by Joannes Stichter*, 1694, in-4, fig., mar. brun, dos orné, fil., tr. dor. (*Townsend*.)

<small>Ce volume renferme les planches de Romain de Hooge, en très-belles épreuves, qui ont été ensuite publiées dans le volume de Chertablon intitulé : *Manière de se préparer à la mort*.</small>

3. THÉOLOGIE POLÉMIQUE

53. Pensées de M. Pascal sur la Religion et sur quelques autres sujets, qui ont esté trouvées après sa mort parmy ses papiers. *A Amsterdam, chez Abraham Wolfganck, suivant la copie imprimée à Paris,*

1672. In-12, mar. rouge, dos orné, fil., tr. dor. (*Cuzin*.)

>Jolie édition elzévirienne, fort rare.
>On a relié à la suite :
>Discours sur les Pensées de M. Pascal, où l'on essaye de faire voir quel estoit son dessein. Avec un autre Discours sur les preuves des livres de Moyse. *A Amsterdam, chez Abraham Wolfganck, suivant la copie imprimée à Paris*, 1673.
>Le premier discours est attribué à Filleau de la Chaise caché sous le pseudonyme de Du Bois de la Cour. L'auteur du second est resté inconnu.

54. Le Petit Chien de l'Évangile, abbayant contre les erreurs de Luther et Calvin; dédié à Monsieur Nicolas Arnoul, par les religieux de Nostre-Dame de la Mercy, seconde édition. *A Marseille, chez C. Brebion*, 1675. In-12 veau fauve, dos orné, dent., tr. dor.

55. Conférence avec M. Claude, ministre de Charenton, sur la matière de l'Église, par messire Jacques-Bénigne Bossuet. *A Paris, chez Séb. Mabre-Cramoisy*, 1682. In-12, mar. rouge, dos orné, fil., tr. dor. (*Rel. anc.*)

>Édition originale.

56. Traité de la Confession contre les erreurs des Calvinistes, où la Doctrine de l'Église sur ce point est expliquée par l'Écriture sainte, par la tradition, et par plusieurs faits très remarquables; avec la réfutation du livre de M. Daillé, contre la confession auriculaire, par dom Denis de Sainte-Marthe. *A Paris, chez Lambert Roulland*, 1685. In-8, réglé, mar. rouge, dos orné, fil., tr. dor. (*Rel. anc.*)

V. RELIGIONS ORIENTALES

57. L'Alcoran de Mahomet, translaté d'arabe en françois, par le sieur Du Ryer, sieur de la Garde Malezair. *Suivant la copie imprimée à Paris, chez Ant. de Sommaville (Amsterdam, Elzevier*), 1649. Pet. in-12, veau fauve, tr. dor. (*Thouvenin*.)

<small>Première édition elzévirienne. Un des rares exemplaires contenant la *Dédicace au Chancelier* qui a été supprimée après le tirage de quelques exemplaires.
Hauteur : 130 mill.</small>

58. Histoire de la vie de Mahomet, législateur de l'Arabie, par M. Turpin. *Paris, J.-P. Costard*, 1773, 2 vol. in-12, mar. vert, dos orné, fil., tr. dor. (*Rel. anc.*)

<small>Bel exemplaire aux armes de M. de Sartines.</small>

59. Morale de Mahomet, ou recueil des plus pures maximes du Coran, par M. Savary. *A Constantinople; et se trouve à Paris, chez Lamy*, 1784. In-12, mar. rouge, dos orné, fil., tr. dor. (*Derome.*)

<small>Bel exemplaire.</small>

JURISPRUDENCE

60. Corporis Iuris civilis Editio nova prioribus correctior. *Amstelædami, apud viduam Danielis Else-*

virii, Janss. Waesbergios, etc., 1681. 2 vol. in-8,
réglés, mar. rouge, dos orné, fil., tr. dor. (*Rel. anc.*)

Bel exemplaire.

61. LIS CRISTI ET BELIAL coram Salomone judice... agitata super spolio et violencia per eundem Christum in inferno. *S. l. n. d. (Cologne ?).* In-fol. goth. de 96 ff., impr. à 2 col. de 36 lignes à la page, veau fauve, tr. rouge.

Édition de la fin du xve siècle de ce livre singulier de Jacob de Theramo. Selon Prosper Marchand, cet auteur se nommait Palladino ; mais il était plus connu sous le nom de Theramo, lieu de sa naissance.

SCIENCES ET ARTS

I. SCIENCES PHILOSOPHIQUES

1. PHILOSOPHIE. — MORALE

62. Tertius tomus Ciceronis de Philosophia. *Seb. Gryphius excudebat Lugduni, anno* 1540. Pet. in-8 réglé, mar. rouge, dos orné, fil., tr. dor. (*Rel. anc.*)

Bel exemplaire aux armes du comte d'HOYM.
Des bibliothèques de MM. de LAMOIGNON, J.-TH. PAYNE et du baron Roger PORTALIS.

63. Nouveau Manuel d'Épictète, extrait des Commen-

taires d'Arrien, et nouvellement traduit du grec en françois. *A Paris, de l'imprimerie de Monsieur (P.-Fr. Didot)*, 1784. 2 vol. pet. in-12, mar. rouge, fil., doublé de tabis, tr. dor. (*Rel. anc.*)

De la bibliothèque de Pixerécourt.

64. B. D. S. (Benedictus de Spinosa). Opera posthuma, quorum series post præfationem exhibetur. *S. l.*, 1677. 2 part., en un vol. in-4, mar. rouge, dos orné, fil., tr. dor. (*Rel. anc.*)

Très-bel exemplaire aux chiffres et aux armes du comte d'Hoym.

65. Réflexions curieuses d'un esprit désintéressé sur les matières les plus importantes au salut, tant public que particulier. (Traduction du latin de Spinosa, attribuée à Saint-Glain.) *Cologne, Claude Emanuel*, 1678, in-12. — Réfutation des erreurs de Benoît de Spinosa, par M. de Fénelon, avec la Vie de Spinosa, écrite par M. Jean Colerus. *Bruxelles, F. Foppens*, 1631. In-12. Ens. 2 vol. in-12, mar. vert, dos orné, fil.; tr. dor. (*Rel. anc.*)

Bel exemplaire.
Le volume de Spinosa a paru en 1678 sous trois titres différents que possède notre exemplaire : *Réflexions d'un esprit désintéressé*, le *Traité des cérémonies superstitieuses des Juifs*, Amsterdam, 1678, et la *Clef du sanctuaire*, par un sçavant de notre siècle, Leyde, 1678.

66. Cours de philosophie positive, par Aug. Comte ; deuxième édition, augmentée d'une préface, par E. Littré, et d'une table alphabétique des matières. *Paris, Baillière et fils*, 1864. 6 vol. in-8, demi-rel. dos et coins mar. brun, tête dor., éb.

67. ESSAIS DE MICHEL SEIGNEUR DE MONTAIGNE; cinquiesme édition, augmentée d'un troisiesme liure et de six cens additions aux deux premiers. *A Paris, chez Abel l'Angelier,* 1588. In-4, titre gravé, mar. rouge, dos orné, compart. de fil. à la Du Seuil, tr. dor. (*Hardy-Mennil.*)

> Bel exemplaire de la dernière édition publiée du vivant de Montaigne et la première qui contienne le troisième livre.
> Aux armes de M. André MASSENA, prince d'Essling. Le titre gravé n'est pas atteint.

68. LES ESSAIS DE MICHEL SEIGNEUR DE MONTAIGNE; édition nouvelle, trouvée après le déceds de l'autheur, reveue et augmentée par luy d'un tiers plus qu'aux précédentes impressions. *A Paris, chez Abel l'Angelier,* 1595. In-fol., mar. rouge, dos orné, fil., tr. dor. (*Chambolle-Duru.*)

> Première édition publiée après la mort de Montaigne par sa fille adoptive, Mlle de Gournay, qui a fait précéder les *Essais* d'une longue et savante préface.
> Superbe exemplaire, très-grand de marges, portant sur le f. de garde 5 vers autographes de Voltaire.

69. LES ESSAIS DE MICHEL, SEIGNEUR DE MONTAIGNE; nouvelle édition, exactement purgée des défauts des précédentes, selon le vray original, et enrichie et augmentée aux marges du nom des autheurs qui y sont citez, et de la version de leurs passages, avec des observations très-importantes et nécessaires pour le soulagement du lecteur; ensemble la Vie de l'autheur, et deux tables, l'une des chapitres, et l'autre des principales matières, de beaucoup plus ample et plus utile que celles des dernières éditions. *A Amsterdam, chez Anth. Michiels,* 1659. 3 vol. in-12,

portr., mar. rouge jans., doublé de mar. rouge, dent., tr. dor. (*Cuzin.*)

<small>Très-bel exemplaire de cette jolie édition elzevirienne; hauteur 150 mill.</small>

70. Réflexions ou Sentences et Maximes morales de la Rochefoucauld. *Paris, Lefèvre,* 1827. Gr. in-8, demi-rel. dos et coins mar. rouge, tête dor., éb. (*Petit.*)

<small>De la *Collection des classiques françois.* Exemplaire en grand papier jésus vélin. Portrait de la Rochefoucauld, par Roger AVANT LA LETTRE.</small>

71. LES CARACTÈRES DE THÉOPHRASTE, traduits du grec, avec les Caractères ou les Mœurs de ce siècle; neuvième édition, revue et corrigée. *A Paris, chez Estienne Michallet,* 1696. In-12, mar. rouge jans., doublé de mar. bleu, dent., tr. dor. (*Cuzin.*)

<small>Bel exemplaire de la dernière édition donnée par l'auteur.</small>

72. Les Caractères ou les Mœurs de ce siècle, précédés des Caractères de Théophraste traduits du grec par La Bruyère; texte revu sur la neuvième édition originale de 1696, avec une notice et des notes par Ch. Asselineau. *Paris, A. Lemerre,* 1872. 2 vol. in-8, portr., mar. vert jans., tr. dor. (*Cuzin.*)

<small>Papier Whatman tiré à 27 exemplaires numérotés. Portrait en double état bistre et noir.</small>

2. POLITIQUE

<small>(Ouvrages sur les Princes et les Ambassadeurs).</small>

73. Anti-Machiavel, ou Essai de critique sur le prince de Machiavel (par le roi de Prusse Frédéric II), publié par M. de Voltaire. *A la Haye, aux dépens de*

l'éditeur, 1740. In-8, mar. rouge, dos orné, fil., tr. dor. (*Rel. anc.*)

>   Édition originale. Un coin du titre est coupé.

74. De la Manière de négocier avec les souverains, de l'utilité des négociations, du choix des Ambassadeurs et des Envoyez, et des qualitez nécessaires pour réussir dans ces employs, par Monsieur de Callières. *A Paris, chez Michel Brunet,* 1716. Pet. in-8, mar. rouge, dos orné, fil., fleurs de lis aux angles, tr. dor. (*Rel. anc.*)

II. SCIENCES NATURELLES. — SCIENCES MÉDICALES

75. D. Jacob Christian Schäffers Abhandlungen von Insecten. *Regensburg, verlegts Joh. Leop. Montag.,* 1764-1779. 3 part. en 2 vol. in-4, fig., mar. rouge, dos orné à l'oiseau, fil., tr. dor. (*Derome.*)

>   Très-bel exemplaire de cet ouvrage illustré de 3 vignettes sur les titres et de 48 planches finement coloriées.

76. HIPPOCRATIS COI, medicorum principis, Iusiurandum. Aphorismorum sectiones VIII, Prognostica, Porrheticorum lib. II, Coaca præsagia; græcus et latinus contextus accurate renouatus, lectionum varietate et Corn. Celsi versione calci subdita : studio Ioannis Opsopœi Brettani. *Francofurdi, apud hæredes Andreæ Wecheli Claudium Marnium et Ioann. Aubrium.* MDLXXXVII [1587]. *Cum priuilegio Cæs. Maiest. ad sexenn.* Pet. in-12, mar. citron, compart. de fil., rinceaux de feuillage couvrant le dos et les plats, tr. dor. (*Rel. anc.*)

>   Très-jolie reliure, bien conservée, de la fin du xvie siècle,

portant les armes et la devise de la reine Marguerite de Valois, première femme de Henri IV.

Le dos et les plats sont couverts d'œillets, de marguerites et de pensées, dorés en plein à petits fers.

III. SCIENCES MATHÉMATIQUES
SCIENCES OCCULTES

77. Computus ecclesiasticus per Digitorum articulos mira facilitate traditus, auctore Christophoro Clavio Bambergensi è Societate Jesu. *Moguntiæ, excudebat Bathasarus Lippius*, 1599. Pet. in-12, mar. citron, dos orné, fil., tr. dor.

> Exemplaire portant sur les plats les deuxièmes armes de J.-A. DE THOU.

78. FLAVI VEGETII Renati v. inl. de Re militari libri quatuor. Sexti Iulii Frontini Stratagematum libri totidem. *Coloniæ, apud Maternum Cholinum*, 1580. In-8 réglé, mar. olive, dos orné, fil., tr. dor. (*Rel. anc.*)

> Reliure molle exécutée pour le roi HENRI III; sur le dos la tête de mort, les armes de France, la fleur de lis et la devise : *Spes mea Deus*. Sur les plats, le crucifiement.

79. De Historie van Dr. Johannes Faustus die een uytnemende grooten Tovenaer ende swerte Constenaer was..... Meestendeel uyt sijn eygen nagelaten schriften by een vergadert : Allen Noovaerdighen, Opgeblasen, stoute ende Godtloose menschen tot een schrickelijck exempel, ende waer chouwinghe. *Anno* 1659. In-8 goth. à 2 col., fig. sur bois, vélin à recouvrements.

> Cette édition néerlandaise de la légende de Faust doit être

rare. Le catalogue de la *Faust-Literatur* publié par la librairie Ackermann, à Munich, en 1880, ne cite, sous le n° 239, qu'une version néerlandaise de la fin du xviii° siècle.

IV. BEAUX-ARTS

GRAVURE. — ARCHITECTURE

80. Les Misères et les Malheurs de la guerre representez par Jacques Callot, noble Lorrain, et mis en lumière par Israel son amy. *A Paris*, 1633. Titre et 17 planches, in-4 obl., *en feuilles*.

> Très-belles épreuves du deuxième état avec les numéros et les vers français. Suite complète, très-rare.

81. SUITE DE VINGT-TROIS ESTAMPES, dessinées par Coypel, gravées par Surugue, Tardieu, Cochin, Joullain, etc., pour l'Histoire de Don Quichotte de Cervantes, in-fol. — SUITE DE DIX ESTAMPES dessinées et gravées par J.-B. Oudry pour le Roman comique de Scarron. In-fol. 2 part. en un vol. in-fol. cart.

> Très-belles épreuves de ces rares estampes.

82. LES MÉTAMORPHOSES D'OVIDE gravées sur les desseins des meilleurs peintres françois par les soins des sieurs Le Mire et Basan, graveurs. *A Paris, chez Basan et Le Mire* (1767-1771). In-4, front. gr. et 139 fig., mar. rouge, dos orné, riche dent. à l'oiseau, tr. dor. (*Derome*.)

> Très-belles épreuves du PREMIER TIRAGE. Charmante reliure.

83. Les Confidences, estampe dessinée par Freudeberg, gravée par Lingée en 1774. In-fol.

> De la *Suite d'estampes pour servir à l'Histoire des Modes et du Costume en France.*
> Belle épreuve avant le numéro.

84. L'Évènement au bal, estampe dessinée par Freudeberg, gravée par Duclos et Ingouf. In-fol.

> De la *Suite d'estampes pour servir à l'Histoire des Modes et du Costume en France.*
> Belle épreuve avant le numéro.

85. N'ayez pas peur, ma bonne amie, estampe dessinée par Moreau, gravée par Helman en 1776. In-fol.

> De la *Deuxième suite d'estampes pour servir à l'Histoire des Modes et du Costume en France.*
> Épreuve AVANT LA LETTRE. Petites marges.

86. C'est un fils, Monsieur, estampe dessinée par Moreau, gravée par Baquoy en 1776. In-fol.

> De la *Deuxième suite d'estampes pour servir à l'Histoire des Modes et du Costume en France.*
> Épreuve AVANT LA LETTRE. Petites marges.

87. Les Petits Parrains, estampe dessinée par Moreau, gravée par Baquoy et Patas. In-fol.

> De la *Deuxième suite d'estampes pour servir à* l'*Histoire des Modes et du Costume en France.*
> Épreuve sans marges.

88. Les Délices de la Maternité, estampe dessinée par Moreau, gravée par Helman en 1777. In-fol.

> De la *Deuxième suite d'estampes pour servir à l'Histoire des Modes et du Costume en France.*
> Épreuve à toutes marges, A (vec) P (rivilège) D (u) R (oy).

89. L'Accord parfait, estampe dessinée par Moreau, gravée par Helman en 1777. In-fol.

> De la *Deuxième suite d'estampes pour servir à l'Histoire des Modes et du Costume en France.*
> Épreuve AVANT LA LETTRE.

90. Le Rendez-vous pour Marly, estampe dessinée par Moreau, gravée par C. Guttenberg. In-fol.

> De la *Deuxième suite d'estampes pour servir à l'Histoire des Modes et du Costume en France.*
> Belle épreuve A(vec) P(rivilège) D(u) R(oy). Marges.

91. La Rencontre au bois de Boulogne, estampe dessinée par Moreau, gravée par H. Guttenberg. In-fol.

> De la *Deuxième suite d'estampes pour servir à l'Histoire des Modes et du Costume en France.*
> Belle épreuve A(vec) P(rivilège) D(u) R(oy). Marges.

92. La Partie de Wisch, estampe dessinée par Moreau, gravée par Dambrun en 1783. In-fol.

> De la *Troisième suite d'estampes pour servir à l'Histoire des Modes et du Costume en France.*
> Belle épreuve A(vec) P(rivilège) D(u) R(oy). Marges.

93. Le Seigneur chez son fermier, estampe dessinée par Moreau, gravée par Delignon en 1783. In-fol.

> De la *Troisième suite d'estampes pour servir à l'Histoire des Modes et du Costume en France.*
> Belles épreuves A(vec) P(rivilège) D(u)R (oy). Marges.

94. Album de 120 vignettes dessinées par Marillier, pour le Cabinet des Fées. In-8, mar. rouge, dos orné, fil., tête dor. *non rogné.* (*Kaufmann.*)

95. DEMOUSTIER. LETTRES A ÉMILIE. Suite de un por-

trait et de trente-six vignettes dessinées par Moreau, in-8.

<small>Très belles épreuves à toutes marges, tirées in-4, en double état, AVANT LA LETTRE et EAUX-FORTES.
Une pièce est double à l'état d'eau-forte (*Vénus et Adonis*) et une pièce manque dans cet état (*Céphale et Procris*).</small>

96. L'Amour, la Folie, 2 estampes gravées en couleur par Janinet, d'après Fragonard. *A Paris, chez Janinet*, 1777. 2 pièces in-fol. ovale.

<small>Belles épreuves. Grandes marges.</small>

97. Portrait de Frédérique-Louise-Guillemine, princesse de Prusse, épouse de Guillaume-Frédéric, prince d'Orange, dessiné par Lozelli, gravé en couleur par Descourtis. In-fol. ovale.

<small>Très-belle épreuve AVANT LA LETTRE, avec marges.</small>

98. ARCHITECTURE FRANÇOISE, ou Recueil des plans, élévations, coupe et profils des églises, maisons royales, palais, hôtels et édifices les plus considérables de Paris, ainsi que des châteaux et maisons de plaisance situés aux environs de cette ville ou en d'autres endroits de la France, bâtis par les plus célèbres architectes, et mesurés exactement sur les lieux par J.-F. Blondel. *Paris, Jombert*, 1752-1756. 4 vol. in-fol. pl., mar. brun, fil. à froid, tr. dor. (*Petit.*)

<small>Très-bel exemplaire en GRAND PAPIER de cet ouvrage illustré de plus de 500 planches, vignettes, en-tête, etc.</small>

V. ARTS DIVERS

CUISINE

99. Le Cuisinier françois, enseignant la manière de bien apprester et assaisonner toutes sortes de viandes grasses et maigres, légumes, pâtisseries et autres mets qui se servent tant sur les tables des grands que des particuliers, avec une instruction pour faire des confitures et des tables nécessaires, par le sieur de la Varenne, escuyer; dernière édition, augmentée et corrigée. *A la Haye, chez Adrian Vlacq (Elzevier)*, 1656. Pet. in-12, chagrin rouge.

> Incomplet du frontispice gravé.
> Hauteur : 129 mill.

BELLES-LETTRES

I. LINGUISTIQUE

100. La Syntaxe latine rappelée à six règles, ou Méthode pour apprendre en peu de tems cette langue, par M. Sacré. *A Paris, chez Grangé*, 1776. In-8, mar. rouge, dos orné, fil., tr. dor. (*Rel. anc.*)

> Exemplaire aux armes de Jean-Hercule de Rosset, duc de Fleury, pair de France, neveu du cardinal Fleury.

101. La Défense et illustration de la langue françoise, avec l'Olive de nouveau augmentée, la Musagnœomachie, l'Anterotique de la vieille et de la jeune amie, vers lyriques, etc., le tout par Joach. du Bellay Ang. *Paris, F. Morel*, 1561. In-4 réglé, demi-rel. mar. rouge. (*Lortic.*)

II. RHÉTORIQUE

102. M. TULLII CICERONIS ORATIONES ex recensione Ioannis Georgii Grævii cum ejusdem animadversionibus, et notis integris Fr. Hottomanni, D. Lambini, F. Ursini, P. Manutii ac selectis aliorum, ut et Q. Asconio Pediano, et anonymo Scholiaste. *Amstelodami, ex typogr. P. et J. Blaeu, prost. apud Ianss. Waesbergios*, 1699. 3 tomes en 6 part. In-8, réglé, front. gr., mar. rouge, dos orné, fil., doublé de mar. rouge, dent., tr. dor. (*Boyet.*)

Très-jolie reliure.

103. Panégyrique de Traian, par Pline Cécile Second. *A Paris, chez Antoine de Sommaville*, 1642. Petit in-12, mar. rouge, dos orné, fil., tr. dor. (*Rel. anc.*)

Traduction faite par le sieur de la Ménardière, conseiller et médecin du duc d'Orléans. Chiffre couronné sur les plats.

104. RECUEIL D'ORAISONS FUNÈBRES, composées par messire Jacques-Bénigne Bossuet. *A Paris, chez la veuve de Sébastien Mabre-Cramoisy*, 1689. In-12, mar. brun, jans., tr. dor. (*Reymann.*)

ÉDITION ORIGINALE in-12.

105. Oraisons funèbres de Bossuet avec des notes de tous les commentateurs, suivies du Sermon sur l'unité de l'église. *A Paris, chez Lefèvre,* 1825. In-8, demi-rel. dos et coins mar. bleu, tête dor., éb. (*Petit.*)

<small>Grand papier jésus vélin. De la Collection des Classiques françois.</small>

III. POÉSIE

1. POÈTES GRECS

106. LES ŒUVRES D'HOMÈRE traduites en françois par Mme Dacier, avec un supplément; quatrième édition, revue, corrigée et augmentée de nouvelles remarques de Mme Dacier elle-même, enrichie de figures par Picart le Romain. *A Amsterdam, chez les Wetsteins et Smith,* 1731. 7 vol. in-12, front. et fig., mar. rouge, dos orné, fil., tr. dor. (*Rel. anc.*)

<small>Le Supplément contient la Vie d'Homère, par Mme Dacier; une dissertation sur la durée du siège de Troye, par l'abbé Banier; les remarques et la préface de Pope et une table des matières.</small>

107. Anacréon, Sapho, Bion et Moschus, traduction nouvelle en prose, suivie de la Veillée des fêtes de Vénus et d'un choix de pièces de différens auteurs, par M. M*** C*** (Moutonnet-Clairfons). *A Paphos, et se trouve à Paris, chez Le Boucher,* 1773. In-8, front. et fig. d'Eisen, veau marbré, tr. dor. (*Rel. anc.*)

<small>Bel exemplaire.
A la fin se trouve : Héro et Léandre, poëme de Musée. *A Sestos, et se trouve à Paris, chez Le Boucher,* 1774.</small>

108. Florilegium diversorum epigrammatum in septem libros. (A la fin :) *Venetiis, in ædibus Aldi, mense nouembri*, 1503. In-8, veau, comp. et fers à froid.

> Bel exemplaire de la première édition de l'Anthologie donnée par les Alde. Très-rare.
> Les variantes qu'elle contient la font préférer aux deux autres éditions sorties des mêmes presses.
> Très-curieuse reliure portant la date 1526.

109. Anthologia gnomica. Illustres veterum græcæ comœdiæ scriptorum sententiæ, prius ab Henrico Stephano, qui et singulas latine conuertit editæ; nunc duplici insuper interpretatione metrica singulæ auctæ, inque gratiam studiosorum, quibus et variæ scutorum natalitiorum imagines libello passim insertæ vsui erunt, in hoc Enchiridion, V. Cl. D. Joh. Posthii, Germersh, collectæ a Christiano Egenolpho, Fr. (A la fin :) *Impressum Francofurti ad Mœnum, apud Georgium Coruinum impensis Sigismundi Feyerabendii*, 1579. Pet. in-8, basane, plaques de mar. rouge et citron.

> Bel exemplaire de ce volume fort curieux renfermant un grand nombre de jolies figures sur bois des plus singulières. Elles sont tirées du *Stam und Wapenbuch* de Jost Amman.

110. Anthologie, ou Recueil des plus beaux épigrammes grecs, pris et choisis de l'Anthologie grecque, mis en vers françois sur la version latine de plusieurs doctes personnages, par Pierre Tamisier. *Lyon, Jean Pillehotte*, 1589. In-12, mar. brun jans., tr. dor. (*Chambolle-Duru.*)

2. POÈTES LATINS

A. Poètes latins anciens et modernes.

111. Quintus Horatius Flaccus. Accedunt nunc Danielis Heinsii de satyra Horatiana libri duo in quibus totum Poëtæ institutum et genius expenditur. *Lugd. Batav., ex officina Elzeviriana,* 1629. 3 vol. in-16, titre gravé, mar. rouge, dos orné, dent., tr. dor. (*Rel. anc.*)

Jolie édition, assez recherchée.

112. Quinti Horatii Flacci poëmata, scholiis sive annotationibus, instar commentarii, illustrata à Joanne Bond. Editio nova. *Aurelianis, typis Couret de Villeneuve,* 1767. In-12, mar. rouge, dos orné, fil., tr. dor. (*Rel. anc.*)

113. Les Œuvres d'Horace, traduction nouvelle par M. Jules Janin ; troisième édition. *Paris, Hachette,* 1865. In-8, demi-rel. dos et coins mar. rouge, tête dor., *non rogné.* (*Raparlier.*)

Exemplaire dans lequel on a ajouté les illustrations photographiques publiées par *L. Curmer* en 1861.

114. Ovidii Metamorphoseon libri quindecim, etc. (A la fin :) *Venetiis, in ædibus Aldi,* 1502-1503. 3 vol. in-8, mar. rouge, fil., tr. dor. (*Rel. anc.*)

De la bibliothèque de Richard Héber.
Le titre du 3º volume est défectueux.

115. Trois premiers livres de la Métamorphose d'Ovide. traduictz en vers françois : le premier et second par

Cl. Marot, le tiers par B. Aneau; mythologizez par allégories historiales, naturelles et morales, recueillies des bons autheurs grecs et latins sur toutes les fables et sentences, illustrez de figures et images convenantes. *A Lyon, par Rouille*, 1556. In-8, fig., mar. la Vallière, dos orné, enc. de fil., tr. dor. (*Bedford*).

<small>Jolies figures sur bois attribuées au *Petit Bernard*. Chaque page est contenue dans une bordure historiée. Le dernier f. porte : *Imprimé par Macé Bonhomme, à Lyon*.</small>

116. LES MÉTAMORPHOSES D'OVIDE, en latin et en françois, de la traduction de M. l'abbé Banier, avec des explications historiques. *A Paris, chez Pissot*, 1767-1771. 4 vol. in-4, front., fig. et vign., mar. rouge, dos orné, fil., tr. dor. (*Bedford*.)

<small>Bel exemplaire du PREMIER TIRAGE.</small>

117. La Vita et Metamorfoseo d'Ovidio, figurato et abbreuiato in forma d'Epigrammi da M. Gabriello Symeoni, con altre stanze sopra gl' effetti della Luna : il Ritratto d'vna Fontana d'Ouernia : et vn' Apologia generale nella fine del libro. All' illustr. signora Duchessa di Valentinois. *A Lione, per Giouanni di Tornes*, 1559. Pet. in-8, fig., vélin.

<small>Figures de la Métamorphose d'Ovide figurée, attribuées à Bernard Salomon dit le Petit Bernard.
Le texte et les figures sont entourés de jolis encadrements.</small>

118. Johan. Posthii Germershemii Tetratischa in Ovidii Metamor. lib. XV. quibus accesserunt Vergilii Solis figuræ elegantiss. et iam primum in lucem editæ, 1563. (A la fin :) *Impressum Francofurti, apud*

Georgium Coruinum, Sigismundum Feyerabent, et hæredes Wygaudi Galli. 1563. In-12, fig., mar. vert, fil. à froid, tr. dor. (*Coverly*.)

    178 jolies figures sur bois avec vers latins et allemands.

119. Mortilogus F. Conradi Reitterii Nordlingensis prioris monasterii Cæsariensis. (A la fin :) *Finit feliciter per Erhardum ōglin et Georgiū Nadler Augusteñ iiii ydus februarii anno millesimo quingentesimo octauo* [1508]. In-4, goth. de 34 ff., fig. sur bois, veau fauve, dos orné, fil. à froid, tr. rouge. (*Townsend*).

    Ce rare volume se compose d'odes et d'épitaphes. Il est surtout recherché pour ses belles gravures sur bois.

120. Joannis Audoeni (Owen) Cambro-Britanni Epigrammata. Editio prioribus auctior longeque emendatior, cura Ant.-Aug. Renouard, Parisini. *Parisiis, apud editorem (Renouard), typis Petri Didot,* 1794. 2 vol. in-12, mar. rouge, dos orné, dent., doublé de tabis, tr. dor. (*Rel. anc.*)

    Bel exemplaire en grand papier vélin, tiré à très-petit nombre.

121. Christus crucifixus : carmen cothurnatum catastrophicumque, crudeles Christi cunctorum credentium conservatoris cruciatus cædemque cruentam contumeliosamque continens, etc. Christiano Pierio Coloniensi. *Francoforti ad Mœnum,* 1576. In-8, fig. sur bois, mar. brun jans., tr. dor. (*Trautz-Bauzonnet.*)

    Poème en vers lettrisés ou tautogrammes dont tous les mots commencent par la lettre C. Le poème a plus de douze cents vers. Il n'est pas mentionné dans le *Manuel du li-*

braire: mais Peignot l'a indiqué dans ses *Amusements philologiques*, p. 96. Les 22 figures sur bois, dont le volume est orné, représentent les scènes de la Passion.
De la bibliothèque du docteur Desbarreaux-Bernard.

B. Poètes macaroniques.

122. OPERA JOCUNDA D. JOHANNIS GEORGII ALIONI Astensis metro macharronico materno et gallico composita. (In fine:) *Impressum Asti per magistrum Francischum de Silua anno dñi milesimo quingentesimo vigesimo primo die xij mensii marcii* [1521]. Pet. in-8, goth. de 200 ff. y compris un f. blanc, fig. sur bois, mar. vert, compart., doublé de mar. vert, compart., tr. dor. (*Smith.*)

Un des livres les plus curieux et les plus rares qui existent. Les poésies de Alione d'Asti comprennent, outre une macaronée latine et dix farces en patois milanais et piémontais, plusieurs poèmes, chansons et autres poésies en français. Ce recueil intéressant appartient ainsi autant à la poésie française qu'à la poésie italienne, à la littérature dramatique qu'à la littérature facétieuse.

Cet exemplaire provient de J.-Ch. Brunet qui l'a employé pour donner une réimpression des poésies françaises de Alione. Acheté par Brunet à la vente de Richard Héber, cet exemplaire, que l'on croyait complet, avait en moins 2 ff. dans les rébus qui terminent le volume. Il est également incomplet du f. blanc qui précède le titre.

Brunet a aussi réimprimé deux farces en italien, mais avec interlocuteurs français. M. E. Picot a reconnu dans les différentes farces italiennes de Alione l'imitation de farces françaises de la même époque et dont plusieurs ont été conservées.

Suivant une note du Catalogue de M. Robert S. Turner, de la bibliothèque duquel ce volume provient, on ne connaîtrait que 4 exemplaires de cette précieuse édition et qui tous seraient incomplets.

123. Comedia e Farce carnovalesche nei dialetti astigiano, milanese e francese, misti con latino barbaro, composte sul fine del secolo XV da Gio. Giorgio Alione. *Milano, G. Daelli e Comp.*, 1865. — Poesie francesi di Giovan-Giorgio Alione Astigiano, composte dal 1494 al 1520, aggiuntavi la maccheronea dello stesso (avec une notice biographique et bibliographique par Jacq.-Ch. Brunet). *Milano, G. Daelli,* 1864. 2 vol. in-12, fig., *brochés.*

124. Opus Merlinii Coccaii Poete Mantuani Macaronicorum, totū in pristinam formam per me Magistrum Acquarium Lodolam optime redactū, in his infra notatis titulis diuisum, etc. (Au recto du 272ᵉ f.): *Tusculani, apud Lacum Benacensem, Alexander Paganinus*, 1521. In-12, fig. sur bois, mar. rouge, dos orné, fil., tr. dor. (*Rel. anc.*)

    Bel exemplaire de cette édition, la plus complète et la plus recherchée de ce chef-d'œuvre macaronique de Théophile Folengo. Les notes marginales, souvent atteintes, sont intactes dans cet exemplaire.

125. Histoire maccaronique de Merlin Coccaie, prototype de Rabelais, où il est traicté les ruses de Cingar, les tours de Boccal, les adventures de Leonard, les forces de Fracasse, les enchantemens de Gelfore et Pandrague et les rencontres heureuses de Balde ; avec des notes et une notice, par G. Brunet; nouvelle édition, revue et corrigée sur l'édition de 1606, par P. L. Jacob (Paul Lacroix). *Paris, A. Delahays,* 1859. In-12, demi-rel. dos et coins mar. brun, tête dor., *non rogné.*

    Exemplaire en GRAND PAPIER.

3. POÈTES FRANÇAIS

A. Troubadours, Trouvères et autres poètes jusqu'à Marot.

126. La Chanson de Roland, texte critique accompagné d'une traduction nouvelle et précédé d'une introduction historique par Léon Gautier, avec eaux-fortes par Chifflart et V. Foulquier et un fac-similé. — Seconde partie, contenant les notes et variantes, le glossaire et la table, avec une carte géographique et quinze gravures sur bois intercalées dans le texte. *Tours, Alfred Mame et fils,* 1872. 2 vol. gr. in-8, front. et fig., mar. brun, fil. à froid, tr. dor. (*Petit*).

<small>Papier de Hollande tiré à 300 exemplaires.</small>

127. FABLIAUX ou Contes, fables et romans du XIIe et du XIIIe siècle, traduits ou extraits par Legrand d'Aussy; troisième édition, considérablement augmentée. *Paris, J. Renouard,* 1829. 5 vol. gr. in-8, fig., demi-rel. dos et coins de mar. rouge, tête dor., éb.

<small>Exemplaire en grand papier vélin, avec la suite des 18 figures de Moreau et Desenne en double état, AVANT LA LETTRE sur chine, et avec la lettre.</small>

128. La Vie de madame saincte Marguerite, vierge et martyre, avec son antienne et oraison. *S. l. n. d.* In-8, goth. de 8 ff. mar. rouge, vierge en mosaïque sur les plats, tr. dor. (*Lortic.*)

<small>Petit poème du XIIIe siècle, qui, après avoir subi de nombreux remaniements, est encore réimprimé de nos jours.</small>

129. LE ROMMANT DE LA ROSE (par Guill. de Lorris et Jehan de Meung). *S. l. n. d.* In-fol. goth. fig. sur

bois, mar. rouge, dos orné, riches comp. de fil. et d'entrelacs, tr. dor. (*Hardy rel.*, *Benard dor.*)

Précieuse édition décrite par Brunet (III, 1171), d'après un exemplaire conservé à la bibliothèque de Lyon; elle se compose, comme l'édition de G. Le Roy, *s. d.*, de 150 ff. non chiffr. à 2 col. de 41 lignes par page. Le texte commence par la sign. A 2, ce qui permet de supposer que le volume était précédé d'un titre, qui, ainsi que dans l'édition de Le Roy, ne porte que l'intitulé de l'ouvrage. Ce f. manque également à l'exemplaire de la ville de Lyon, ainsi que le dernier f. que nous possédons dans notre exemplaire. Ce dernier f. est le même que celui d'une autre édition sans date décrite par Brunet (III, 1172), et peut-être une confusion s'est-elle glissée dans la description de ces deux éditions qui paraissent n'en faire qu'une seule. Quoi qu'il en soit, la priorité entre ces trois éditions, sans date, n'a pu être établie d'une façon certaine.

Raccommodages aux premiers et au dernier ff.

La reliure porte les armes du marquis de Villeneuve-Trans.

130. Le Roman de la Rose, par Guillaume de Lorris et Jean de Meun dit Clopinel, revu sur plusieurs éditions et sur quelques anciens manuscrits, accompagné de plusieurs autres ouvrages, d'une préface historique, de notes et d'un glossaire. *A Amsterdam, chez J.-F. Bernard,* 1735. 4 vol. in-12, mar. rouge, dos orné à l'oiseau, dent., tr. dor. (*Rel. anc.*)

Bel exemplaire avec le *Supplément au glossaire* de Lantin.

131. Les Faictz et dictz de fev de bonne memoire maistre Alain Chartier, en son viuant secretaire du feu roy Charles septiesme du nom, nouuellement imprime, reueu et corrige oultre les precedentes impressions, et diuise par chapitres pour plus facilement comprendre le contenu en iceulx, adiouste le Debat du gras et du maigre, qui nauoit encores este

imprime, auec le repertoire des matières contenues au present volume, le tout nouuellement imprime a Paris. *On les vend à Paris en la grant salle du Palais au premier pillier en la bouticque de Galliot du Pre, libraire iure en Luniuersité. Mil cinq cens vingt et six.* Pet. in-fol. goth., fig. sur bois, mar. vert, dos orné, fil., tr. dor. (*Derome.*)

    Très-bel exemplaire. De la bibliothèque de M. Ambr. Firmin-Didot.

132. LES ŒVVRES FEV MAISTRE ALAIN CHARTIER en son viuant secretaire du feu roy Charles septiesme du nom, nouuellement imprimees, reueues et corrigiees oultre les precedētes impressions. *On les vend à Paris en la grant salle du palais au premier Pillier, en la bouticque de Galliot du Pré Libraire iure de Luniuersité,* 1529. Pet. in-8, mar. vert olive, encadrements de fil., doublé de mar. rouge, compart. de fil. à la Du Seuil, milieux, tr. dor. (*Bauzonnet.*)

    Très-bel exemplaire de cette édition recherchée, imprimée en lettres rondes.
    De la bibliothèque de M. Ambroise Firmin-Didot.

133. LES ŒUVRES DE FRANÇOIS VILLON. *A Paris, de l'impr. d'Ant.-Urbain Coustelier,* 1723. Pet. in-8, mar. rouge, dos orné, dent., tr. dor. (*Rel. anc.*)

    Exemplaire sur PEAU DE VÉLIN provenant de la bibliothèque de CH. NODIER.

134. LE CHAMPION DES DAMES (par Martin Franc). *S. l. n. d.* In-fol. goth. de 185 ff. non chiffr. à 2 col., fig. sur bois, mar. rouge, fil. à froid et dor., milieux et fleurons sur le dos, tr. dor. (*Capé.*)

    Bel exemplaire, de cette PREMIÈRE ÉDITION, imprimée à Lyon, vers 1485, par *Guillaume Le Roy.*

135. Les Œvvres ‖ maistre Gvil‖lavme Coqvil‖lart, en son vi‖uant official ‖ de Reims, nou‖uellement re‖ueues et corri‖gées, ‖ M. DXXXV. [1535]. ‖ *On les vend a Lyon, en la* ‖ *maison de Frācoys Juste,* ‖ *demourant deuant nostre* ‖ *Dame de Confort.* (A la fin :) *Imprime nouuellement, par Françoys* ‖ *Juste, Demourant deuant no*‖*stre Dame de Confort* ‖ *a Lyon, le xxi de* ‖ *Januier* ‖ 1535. In-16, goth., format d'agenda, de 96 ff., mar. citron, riches encadrements de fil. entrelacés, coins remplis, doublé de mar. bleu, coins garnis de feuillages, tr. dor. (*Trautz-Bauzonnet.*)

Deux éditions ont été publiées par *François Juste*, en 1535, dans ce format, in-16 allongé, l'une achevée d'imprimer le 2 août, et celle que nous annonçons qui est antérieure et beaucoup plus rare. Brunet ne cite que l'exemplaire conservé à la Bibliothèque nationale.

Le titre est entouré d'un encadrement sur bois, souvent employé par *François Juste*, notamment dans diverses éditions de Marot.

136. Sensvivēt les vigilles de la mort dv fev roy Charles septiesme a neuf pseaulmes et neuf leçons contenans la cronique et les faitz aduenuz durant la vie dudit feu roy, composees par maistre Marcial de paris dit dauuergne procureur en parlement. (A la fin :) *Imprime a Paris, par Jehan du pre demourant aux deux cynes en la grant rue saint iacques le xviii. iour de may. mil. cccc iiiixx. et xiii* [1493]. In-4, goth. de 116 ff. non chiffr. à 2 col., fig. sur bois, mar. rouge, dos orné, fil., doublé de mar. bleu, dent. tr. dor. (*Trautz-Bauzonnet.*)

Première édition, précieuse et fort rare.
Très-bel exemplaire.

137. LES LVNETTES DES PRINCES. Ensemble plusieurs additions et ballades par noble homme Jehan Meschinot escuyer, de nouueau composées. *Et se vendent au premier pillier de la grand salle du Pallays, par Galliot du Pré*, 1528. In-12, mar. rouge, dos orné, enc. de fil., doublé de mar. bleu, dent., tr. dor. (*Lortic.*)

> Bel exemplaire de cette jolie édition, imprimée en lettres rondes, la plus recherchée des poésies de Meschinot.

138. LE VERGIER DŌNEVR nouuellement imprime a paris. De l'entreprinse et voyage de Naples. Auquel est comprins comment le roy Charles huitiesme de ce nom a banyere desployee passa et repassa de iournée en iournée depuis Lyon iusques a Napples et de Napples iusques a Lyon. Ensemble plusieurs aultres choses faictes et composees par reuerend pere en dieu monsieur Octouien de sainct Gelais euesque d'Angoulesme, et par maistre Andry de la vigne secraitere de la Royne et de monsieur le duc de Sauoye et autres. (A la fin :) *Cy fine le vergier dhonneur nouuellement imprime à Paris, par iehan Trepperel, libraire demourant en paris en la rue neufue nostre dame a l'enseigne de l'escu de France*, s. d. In-4, goth. à 2 col. fig. sur bois, mar. vert, dos orné, fil., tr. dor. (*Bauzonnet.*)

> Rare édition publiée vers 1499. Le dernier f., portant au recto une fig. sur bois et au v° la marque de Trepperel, est raccommodé.

139. Poésies françoises de J.-G. Alione (d'Asti), composées de 1494 à 1520; publiées pour la première fois en France, avec une notice biographique et bi-

bliographique, par J.-C. Brunet. *Paris, chez Silvestre*, 1836. In-8, fig, mar. vert, fil., *non rogné*.

Papier vergé tiré à 95 exemplaires numérotés.

140. L'Espinette dv jevne prince conquerant le royaulme de bonne renommee. *Nouuellement imprime a Paris. Cum priuilegio.* (A la fin :) *Cy finist lespinette du jeune prince conquerant le royaulme de bonne renommee. Nouuellement compose et imprime a Paris le xiie iour de feurier mil cinq cens et huyt* [1508] *pour Anthoyne Verard......* In-fol. goth., fig. sur bois, mar. vert, dos orné à l'oiseau, fil., tr. dor. (*Derome.*)

Superbe exemplaire de la première et précieuse édition de ce poème en dialogue de Symon de Bougouync. Le nom de l'auteur est donné par un acrostiche qui se trouve au r° du dernier f. et intitulé : *Le nom de l'acteur en maniere de supplication.*

Cet exemplaire, portant l'étiquette de *Derome le jeune*, provient des ventes Audenet, Yemeniz et Didot.

141. Opvscvlles dv Traversevr des voyes perillevses [Jehan Bouchet] nouuellement par luy reueuz, amendez et corrigez. Epistre de iustice a linstruction et honneur des ministres d'icelles. Le Chappelet des princes. Ballades morales. Deploracion de l'eglise excitāt les princes a paix. (A la fin :) *Imprimez à Poictiers par Jaques Bouchet à la Celle, le xv iour daougst, l'an mil cinq cens vingt cinq* [1525]. In-4 goth., mar. vert, dos orné, fil., tr. dor. (*Rel. anc.*)

Le titre contenu dans un encadrement sur bois porte la marque de G. et J. Bouchet.

Le 2° f. v° et le 3° f. r° sont occupés par une épître de J.

Bouchet à maistre Germain Aymery, signée par la devise de Bouchet : *Ha bien touche*.

Exemplaire très-grand de marges portant la marque de Girardot de Préfond.

B. Poètes français depuis Marot jusqu'à Malherbe.

142. Les Œuvres de Clement Marot de Cahors, valet de chambre du Roy. Augmentées d'ung grand nombre de ses compositions nouuelles, par cy deuant non imprimées ; le tout songneusement par luy mesmes reueu, et mieulx ordonné, comme lon voyrra cy apres. *A Lyon, chés Estienne Dolet*, 1542. Pet. in-8, mar. rouge, dos orné, fil., tr. dor. (*Rel. anc.*)

Édition en lettres rondes, bien imprimée, plus complète que les précédentes, et une des plus recherchées des Œuvres de Marot.

Les 2 dernières lignes du titre sont refaites et plusieurs ff. sont remmargés.

143. Les Œvvres de Clement Marot, de Cahors, vallet de chambre du Roy, plus amples et en meilleur ordre que paravant. *A Lyon, à l'enseigne du Rocher*, 1545. 2 part. en un vol. in-8, réglé, mar. vert, dos orné, fil., doublé de mar. rouge, dent., tr. dor. (*Rel. anc.*)

Rare édition publiée par *A. Constantin* et connue sous le nom d'*édition du Rocher*.

Remboîtage.

144. Les Œvvres de Clement Marot, de Cahors, vallet de chambre du Roy, plus amples et en meilleur ordre que paravant. *A Paris, chez Iehan Ruelle*, 1546. Pet. in-12 de 372 ff., 16 ff. pour l'Enfer et

autres pièces, et 12 ff. non chiffr. de table, mar. rouge, fil. à froid, tr. dor.

Jolie édition imprimée en caractères italiques. Au f. 281 on trouve dans le *Contenu des traductions* de Clément Marot l'annonce des *Cinquanet Pseaumes de David*; mais ils manquent ordinairement, n'ayant été imprimés qu'en 1547.
On les a ajoutés à notre exemplaire; ils se composent de 88 ff. chiffr. y compris le titre.
Piqûre de vers du f. 265 à la fin.

145. LES ŒUVRES DE CLEMENT MAROT, de Cahors, valet de chambre du Roy, reveuës et augmentées de nouveau. *A la Haye, chez Adrian Moetjens*, 1700. 2 vol. in-12, mar. vert, dos orné, fil., tr. dor. (*Rel. anc.*)

Hauteur : 134 millimètres.
On a ajouté le portrait de Marot, par *Harrewyn*.

146. ŒUVRES DE CLÉMENT MAROT, valet de chambre de François Ier, roy de France, revues sur plusieurs manuscrits, et sur plus de quarante éditions ; et augmentées tant de diverses poésies véritables, que de celles qu'on lui a faussement attribuées : avec les ouvrages de Jean Marot, son père, ceux de Michel Marot, son fils, et les pièces du Différend de Clément avec François Sagon : accompagnées d'une préface historique et d'observations critiques (par Lenglet du Fresnoy). *A la Haye, chez P. Gosse et J. Neaulme*, 1731. 6 vol. pet. in-12, portr., mar. vert, dos orné, fil., tr. dor. (*Rel. anc.*)

Exemplaire aux armes de la COMTESSE DE VERRUE. Il provient en dernier lieu des bibliothèques de MM. L. Double et Huillard.

147. CŌTROVERSES DES SEXES masculin et fœmenin (par

Gratian du Pont, seigneur de Drusac). *Imprime a Paris par Denys Ianot, libraire et imprimeur, demourant en la rue neufue nostre Dame a Lenseigne sainct Iehan baptiste, contre saincte Geneuiefue des Ardens,* 1540. Pet. in-12, fig. sur bois, mar. bleu, milieux, doublé de mar. citron, compart. de fil. et entrelacs, tr. dor. (*Thibaron-Joly.*)

148. Les Margverites de la Margverite des Princesses, tres illustre Royne de Nauarre. *A Paris, par Iehan Ruelle, libraire, demourant en la rue Sainct Iacques, à l'enseigne Sainct Nicolas,* 1558. Pet. in-12, mar. bleu, milieux, doublé de mar. rouge, guirlandes de feuillage à petits fers, tr. dor. (*Chambolle-Duru.*)

Cette édition, imprimée en caractères italiques, reproduit le texte de l'édition de 1547, donnée par Jean de la Haye, valet de chambre de la reine de Navarre.

149. Petit Traicté contenant en soy la fleur de toutes ioyeusetez en Epistres, Ballades et Rondeaulx fort recreatifs, ioyeulx et nouueaulx. *On les vend au Pallays, en la gallerie allant à la Chācellerie, et en la Rue neufue nostre Dame a lenseigne de la corne de Cerf par Vincent Sertenas,* 1540. Pet. in-8 de 87 ff. non chiffr. y compris le titre, mar. rouge, dos orné, dent., doublé de tabis, tr. dor.

Volume rare imprimé en lettres rondes, et dans lequel on trouve de curieuses vignettes sur bois.
Ce recueil est une réimpression de la *Fleur de toutes joyeusetez,* avec quelques augmentations.
Raccommodages au dernier feuillet.

150. EVVRES DE LOVIZE LABÉ Lionnoize, reuues et corrigees par ladite Dame. *A Lion, par*

Ian de Tournes, 1556. In-8, mar. bleu jans., doublé de mar. orange, dent., tr. dor. (*Thibaron-Echaubard.*)

> Seconde édition, très-rare. Au f. 124 commencent les *Escriz de diuers Poetes, à la louenge de Louise Labé, Lionnoize*, parmi lesquels on remarque ceux de Maurice Scève, Claude de Taillemont, et autres.
> Exemplaire provenant de la bibliothèque de M. P. Desq.

151. La Vie, Faictz, Passion, Mort, Resurrection et Ascension de Nostre-Seigneur Jesus-Christ, selon les quatre saincts Euangelistes, etc., par Michel Foucqué, prestre et vicaire perpetuel de Sainct Martin à Tours. *A Paris, chez Jehan Bien-né,* 1574. In-8, mar. vert, fil. à froid, tr. dor.

> Poème très rare que Du Verdier ne croyait pas avoir été imprimé.
> Les cahiers G. et C. sont transposés. De la bibliothèque du docteur Desbarreaux-Bernard.

152. Les Œuvres de P. de Ronsard, gentil-homme vandomois, reveues, et corrigées par l'autheur peu avant son trespas, et encores depuis augmentées de plusieurs commentaires. *A Paris, chez la vefue Gabriel Buon,* 1597. 10 tomes en 5 vol. in-12, mar. rouge, dos orné, fil., tr. dor. (*Hardy-Mennil.*)

153. Les Œvvres de Pierre de Ronsard, gentil-homme vandosmois, prince des Poetes françois, reveues et augmentées et illustrées de commentaires et remarques. *A Paris, chez Nicolas Buon,* 1623. 2 vol. in-fol., front. et portr., mar. vert, fil. à froid, coins dorés, tr. dor. (*Petit.*)

154. Le Premier livre des Antiquitez de Rome, con-

tenant une generale description de sa grandeur, et comme une deploration de sa ruine : par Joach. du Bellay, Ang. *Paris*, 1558. In-4, demi-rel. mar. rouge. (*Lortic.*)

Édition originale.

155. Divers Jeux rustiques, et autres œuvres poetiques, de Joachim du Bellay, Angevin. *Paris, F. Morel,* 1558. In-8, demi-rel. mar. rouge. (*Lortic.*)

Édition originale.

156. Entreprise du Roy-Daulphin pour le Tournoy, soubz le nom des chevaliers advantureux, à la Royne et aux Dames, par Joach. du Bellay, Ang. *Paris, F. Morel*, 1559. In-4, cart.

157. Les Regrets et autres Œuvres poetiques de Ioach. du Bellay, Ang. *A Paris, de l'impr. de Federic Morel,* 1559. In-4, cart.

158. Deux Livres de l'Eneide de Virgile, à sçavoir le quatrieme et sixieme, traduicts en vers françois par I. du Bellay Angevin : avec la Complainte de Didon à Enee, Prise d'Ovide, la Mort de Palinure, etc. *Paris, F. Morel*, 1560. In-4, demi-rel. mar. rouge. (*Lortic.*)

Édition originale.

159. Ode sur la naissance du petit duc de Beaumont, fils de Monseign. de Vandosme, roy de Navarre, par I. D. B. A. (*Joach. du Bellay, Angevin*). *Paris, F. Morel,* 1561. In-4, réglé, demi-rel. mar. rouge. (*Lortic.*)

Édition originale.

160. EVVRES EN RIME de Ian-Antoine de Baïf, secrétaire de la chambre du Roy. *A Paris, pour Lucas Breyer,* 1573. In-12. — Les Amours de Ian-Antoine de Baïf. *A Paris, pour Lucas Breyer,* 1572. In-12. — Les Ieux de Ian-Antoine de Baïf. *A Paris, pour Lucas Breyer,* 1573. In-12. — Les Passetems de Ian-Antoine de Baïf. *A Paris, pour Lucas Breyer,* 1573. In-12. Ensemble 4 vol. in-12 réglés, mar. rouge, dos orné, fil. à froid et encadrements de fil., tr. dor. (*Lortic.*)

Hauteur : 160 millimètres.

161. Les Mimes, enseignemens et proverbes de Ian-Antoine de Baïf, reueus et augmentez en ceste dernière édition. *Paris, J. Hoüzé,* 1597. In-12, mar. r., dos orné, dent. à froid, et fil., tr. dor. (*Lortic.*)

Édition complète en quatre livres.

162. Les Œuvres de Scevole de Saincte-Marthe, dernière édition. *A Paris, chez Jacques Villery,* 1629. In-4. — Scævolæ Sammarthani poemata, ad Henricum III, Galliæ et Poloniæ regem. *Lutetiæ, apud J. Villery,* 1629. In-4. — Scævolæ Sammarthani Gallorum doctrina illustrium qui nostra patrumque memoria floruerunt, etc. *Lutetiæ Paris., apud J. Villery,* 1630. In-4. — V. C. Scævolæ Sammarthani quæstoris Franciæ tumulus. *Lutetiæ Paris., apud J. Villery,* 1630. In-4. En 1 vol. in-4, mar. brun, dos orné en mosaïque de mar. vert, fil. à la Du Seuil, milieux, coins à feuillage, tr. dor. et ciselée, étui. (*Lortic.*)

Riche reliure. La dernière partie contient l'*Oraison fu-*

BELLES-LETTRES.

nebre de Sainte-Marthe, par Urbain Grandier, prononcée dans l'Eglise de Loudun.

Des bibliothèques Deso et Ambr. Firmin-Didot.

163. Les Premières Œvvres de Philippes Des Portes, au roy de France et de Polongne, reueues, corrigees et augmentees outre les precedentes impressions. *A Paris, par Mamert Patisson,* 1583. In-12, vélin, compart., tr. dor.

> Superbe exemplaire dans une jolie reliure du xvi° siècle.

164. Les CL Pseaumes de David, mis en vers françois par Ph. Des-Portes, abbé de Thiron. (*Paris*) *Chez Abel Langelier* (1603). — Prières et Méditations chrestiennes, par Philippes Des-Portes. *Paris, chez Abel Langelier,* 1603. — Poesies chrestiennes par Philippes Des-Portes. *S. l. n. d.* En un vol. in-12, réglé, titre gravé par Th. de Leu, mar. brun, riches compart. et entrelacs de fil., rinceaux de feuillage, dos orné, tr. dor. (*Rel. anc.*)

> Très-riche reliure. La marge latérale du titre est déchirée.

165. LES DIVERSES POESIES du sieur de la Fresnaie Vauquelin, dont le contenu se void en la page suivante. *A Caen, par Charles Macé,* 1605. In-8, mar. vert, dos orné, riches comp. Le Gascon, dorés en plein, tr. dor. (*Capé.*).

> Précieuse édition. On la rencontre également sous la date de 1612. Cet exemplaire contient, entre les pp. 442 et 445, un titre pour la 2° partie qui manque très-souvent.
> Hauteur : 159 millimètres. Riche reliure.

166. La Puce de madame Des-Roches, qui est un recueil de divers poëmes grecs, latins et françois, com-

posez par plusieurs doctes personnages aux Grans Jours tenus à Poitiers, l'an 1579. *A Paris, pour Abel l'Angelier,* 1582. In-8, mar. la Vallière, fil. à froid, tr. dor. (*Duru.*)

> Bel exemplaire.

167. Les Touches du seigneur des Accords (Est. Tabourot), quatriesme (et cinquiesme) livre. *A Paris, chez Jean Richer,* 1588. 2 parties en 1 vol. in-12, veau.

> Première édition de ces deux parties, faisant suite aux trois premières, parues en 1585.

168. La Deffence et louange du pou, ensemble celle du ciron, contre ceux qui l'ont en haine et le blasment ordinairement a tord et sans cause, par le seigneur des Accords (Estienne Tabourot). *A Lengres, chez Jehan des Preys,* 1597. In-12 de 36 pp., mar. vert, dos orné, fil., tr. dor. (*Bauzonnet-Trautz.*)

> Le volume contient une dédicace *A Madamoiselle de Pouilly en Gratinois*; une *Ode au pou et au ciron de Monsieur Tabourot*, par *Jehan Bouchard, médecin Dijonnois*; les louanges du Pou et du Ciron; une *Equivoque aux Poëtes et Chantres*, en vers, arrangés de telle façon que la rime de chaque vers fasse un jeu de mots avec la rime du vers précédent; une pièce en vers latins à Tabourot et un *Vieil proverbe.*
>
> Ce rare volume sort des presses du premier imprimeur de Langres.

C. Poètes français depuis Malherbe jusqu'à nos jours.

a. Poésies de divers genres.

169. LES ŒVVRES DE MESSIRE FRANÇOIS DE MALHERBE, gentil-homme ordinaire de la chambre du Roy. *A*

Paris, chez Charles Chappellain, 1630. In-4, portr., mar. bleu jans., doublé de mar. citron, dent., tr. dor. (*Cuzin.*)

<small>Bel exemplaire de la PREMIÈRE ÉDITION des Œuvres de Malherbe réunies. Portrait par Du Monstier.</small>

170. Les Poésies de messire François de Malherbe, précédées de sa Vie par le marquis de Racan, texte revu sur les éditions originales et annoté par Ludovic Lalanne. *Paris, Hachette et Cie*, 1862. In-8, portr. ajoutés, demi-rel. dos et coins mar. brun, tête dor., *non rogné*. (*Hardy.*)

<small>GRAND PAPIER DE HOLLANDE. On a ajouté 3 DESSINS ORIGINAUX de Baudet-Bauderval et 31 portraits divers.</small>

171. Recueil des plus beaux vers de messire Honorat de Beuil, chevalier, sieur de Racan. *Paris, N. Le Clerc*, 1698. In-12, mar. brun jans., tr. dor. (*Coverly.*)

172. ŒUVRES DIVERSES DU SIEUR BOILEAU-DESPREAUX, avec le Traité du sublime, ou du merveilleux dans le Discours, traduit du grec de Longin; nouvelle édition, revue et augmentée. *A Paris, chez Denys Thierry*, 1701. 2 vol. in-12, front., mar. bleu, dos orné, fil., doublé de mar. orange, dent., tr. dor. (*Thibaron-Joly.*)

<small>Bel exemplaire de la dernière édition, publiée du vivant de Boileau et connue sous le nom d'*édition favorite*.</small>

173. ŒUVRES DE NICOLAS BOILEAU-DESPRÉAUX, avec des éclaircissemens historiques donnez par lui-même; nouvelle édition, revue, corrigée et augmentée de diverses remarques (par Cl. Brossette et du Monteil),

enrichie de figures gravées par Bernard Picart le Romain. *A Amsterdam, chez David Mortier*, 1718. 2 vol. in-fol., front. et fig., mar. vert, dos orné, fil., tr. dor. (*Rel. anc.*)

Bel exemplaire.

174. ŒUVRES CHOISIES DE GRESSET, édition ornée de figures en taille-douce dessinées par Moreau le jeune. *De l'impr. de Didot jeune, à Paris, chez Saugrain, l'an II.* Pet. in-12, fig., mar. rouge, fil., doublé de tabis, tr. dor. (*Rel. anc.*)

Bel exemplaire en PAPIER VÉLIN avec les figures de Moreau AVANT LA LETTRE. Témoins.

175. Œuvres complètes de Parny. *Bruxelles, Méline*, 1834, 3 vol. in-12, fig., veau rouge, dent., tête dor., *non rognés*.

Exemplaire sur papier vert.

176. Œuvres complètes de Gilbert, publiées pour la première fois avec les corrections de l'auteur et les variantes, accompagnées de notes littéraires et historiques. *Paris, Dalibon*, 1823. Gr. in-8, fig., mar. brun, dos orné, dent. à froid, milieux en mosaïque, tr. dor. (*Thouvenin.*)

Exemplaire avec les figures de Devéria, AVANT LA LETTRE.

b. *Poèmes didactiques et badins.*

177. Les Sens, poème (par Du Rosoy), en six chants. *A Londres (Paris).* In-8, fig. d'Eisen et Wille, mar. rouge, dos orné, fil., tr. dor.

178. Héroïdes ou Lettres en vers, troisième édition,

revue, corrigée, augmentée et ornée de gravures;
par M. Blin de Sainmore. *A Paris, chez Delalain,*
1767, in-8. — Lettre d'Alcibiade à Glicère, bouque-
tière d'Athènes, suivie d'une Lettre de Vénus à
Pâris et d'une Épître à la maîtresse que j'aurai
(par le marquis de Pezay). *A Genève et à Paris,
chez Séb. Jorry,* 1764, in-8. Ens. 1 vol. in-8, fig.,
demi-rel. dos et coins mar. rouge, tr. dor. (*Coverly.*)

Figures de Gravelot et Charles Eisen. PAPIER DE HOL-
LANDE.

179. LES BAISERS, précédés du Mois de mai, poëme
(par Dorat). *A la Haye, et se trouve à Paris, chez
Lambert,* 1770. In-8, front. et fig., mar. bleu, dos
orné, large dentelle xviii° siècle, tr. dor. (*Thibaron-Joly.*)

Exemplaire du PREMIER TIRAGE. Belles épreuves des figures
de Ch. Eisen.

180. Mélange de poésies fugitives et de prose sans
conséquence, par Mme la comtesse de B. (Beauhar-
nais). *A Amsterdam, et se trouve à Paris, chez Delalain,* 1776. 2 tomes en 1 vol. in-8, titre gravé et fig.,
veau marb., dos orné, fil., tr. dor.

Figures de Marillier. Le second volume est composé en
entier du conte *Volsidor et Zulménie.*

c. *Fables, Contes, Idylles.*

181. FABLES CHOISIES mises en vers par J. de la Fontaine. *Paris, Desaint et Saillant.* 1755-1759. 4 vol.

in-fol. front. et fig. d'Oudry, veau marb. dos orné, fil. tr. dor. (*Rel. anc.*).

<small>Bel exemplaire.</small>

182. Fables choisies, mises en vers par J. de la Fontaine; nouvelle édition, gravée en taille-douce, les figures par le Sr Fessard, le texte par le Sr Montulay [les tomes 3 à 6 par Drouet]. *A Paris, chez l'auteur*, 1765-1775. 6 vol. in-8, front. et fig. veau écaille, dos orné, fil., tr. marb.

<small>Bel exemplaire du premier tirage.</small>

183. Fables nouvelles dédiées au Roy, par M. de la Motte, avec un discours sur la fable. *Paris, G. Dupuis*, 1709. In-4, front. et vign. de Gillot, Coypel, etc., mar. vert, fil. à froid, tr. dor. (*Rel. anc.*)

<small>Exemplaire en grand papier. Sur le dos et aux angles des plats un chiffre entrelacé.</small>

184. FABLES NOUVELLES (par Dorat). *A la Haye, et se trouve à Paris, chez Delalain*, 1773. In-8, front. et vign. de Marillier, *en feuilles*, dans un étui en mar. bleu.

<small>Superbe exemplaire du PREMIER TIRAGE en grand papier de Hollande, entièrement NON ROGNÉ.</small>

185. Fables de Florian, illustrées par J.-J. Grandville, suivies de Tobie et de Ruth, poèmes tirées de l'Écriture sainte, et précédées d'une notice sur la vie et les ouvrages de Florian, par P.-J. Stahl. *Paris, J.-J. Dubochet et Cie*, 1843. In-8, front. et fig., demi-rel. dos et coins mar. bleu, tête dor., *non rogné*. (*Hardy*.)

186. Recueil des meilleurs contes en vers (par la

Fontaine, Voltaire, Vergier, Senecé, Perrault, Moncrif, le P. Ducerceau, Grécourt, Autereau, Saint-Lambert, Chamfort, Piron, Dorat, la Monnoye et F. de Neufchâteau. *Londres (Paris, Cazin)*, 1778. 4 vol. in-12, en-têtes de Duplessis-Bertaux, mar. rouge, dos orné, fil., tr. dor. (*Rel. anc.*)

Bel exemplaire.

187. CONTES ET NOUVELLES EN VERS, par M. de la Fontaine. *A Amsterdam (Paris)*, 1762. 2 vol. in-8, port. et fig. d'Eisen, culs-de-lampe de Choffard, mar. rouge, dos orné, fil., tabis, tr. dor. (*Rel. anc.*)

- Édition dite des Fermiers-généraux. Bel exemplaire.

188. Contes et nouvelles en vers, par Jean de la Fontaine. *Paris, P. Didot l'aîné*, 1795. 2 vol. in-12, mar. vert, dos orné, fil., tr. dor.

Grand papier vélin.

189. Le Fond du Sac, ou Restant des babioles de M. X*** (Félix Nogaret), membre éveillé de l'Académie des Dormans. *A Venise (Cazin), chez Pantalon-Phébus*, 1780. 2 vol. pet. in-12, front. et vign., mar. rouge, dos orné, fil., tr. dor. (*Rel. anc.*)

Bel exemplaire.

190. LES CONTES RÉMOIS, par M. le comte de C... (Chevigné), dessins de E. Meissonier, troisième édition. *Paris, Michel Lévy frères*, 1858. Gr. in-8, port. et fig., mar. rouge, dos orné, fil., tr. dor. (*Cuzin.*)

Première édition illustrée. Superbe exemplaire sur papier de Hollande, avec le portrait et les vignettes tirés sur papier de Chine. Très-rare. Relié sur brochure.

191. Idylles, par M. Berquin. *A Paris, chez Ruault*, 1775. Pet. in-12, titre gravé et fig., mar. bleu, dos orné, fil., tr. dor.

Un frontispice et 24 vignettes par Marillier.

d. *Satires, Énigmes.*

192. Œuvres complètes de Regnier, nouvelle édition, avec le commentaire de Brossette publié en 1729. *Paris, chez A. Lequien*, 1822. In-8, demi-rel. dos et coins mar. rouge, tête dor., éb. (*Petit.*)

Grand papier vélin.

193. Satires et Poëmes, par Auguste Barbier. *Paris, Félix Bonnaire*, 1837. In-8, demi-rel. dos et coins mar. bleu, tête dor., éb. (*David.*)

ÉDITION ORIGINALE. Bel exemplaire, lavé et encollé.

194. Nouvelles Satires, par Auguste Barbier. *Paris, Paul Masgana*, 1840. In-8, demi-rel. dos et coins mar. bleu, tête dor., éb. (*David.*)

ÉDITION ORIGINALE. Bel exemplaire, lavé et encollé.

195. Recueil des énigmes de ce temps (par Cotin), nouvelle édition. *A Paris, chez Nicolas Le Gras*, 1687. In-12, mar. rouge, dos orné, fil., tr. dor. (*Coverly.*)

Les cinq derniers ff. sont en mauvais état.

e. *Poésies gaillardes et burlesques.*

196. LE PARNASSE SATYRIQUE du sieur Théophile. *S. l.*, 1660. Pet. in-12, mar. citron, dos orné, fil., doublé de mar. olive, dent., tr. dor. (*Thibaron-Joly.*)

Bel exemplaire, hauteur 124 millim., de cette jolie édition, sortant des mêmes presses que le *Cabinet satyrique* de 1666.

197. Le Cabinet satyrique, ou Recueil parfait des vers piquans et gaillards de ce temps, tiré des secrets cabinets des sieurs de Sigognes, Regnier, Motin, Berthelot, Maynard et autres des plus signalés poëtes de ce siècle ; dernière édition, reueuë, corrigée et de beaucoup augmentée. *S. l.*, 1666. 2 vol. pet. in-12, mar. citron, dos orné, fil., doublé de mar. olive, dent., tr. dor. (*Thibaron-Joly*.)

> Bel exemplaire, hauteur 123 millim., de cette jolie édition sortant de l'officine des Hackius, de Leyde. Elle est copiée textuellement sur celle de *Paris, Ant. Lestoc*, 1620, in-12, dont elle reproduit l'avertissement; mais elle contient de plus toutes les satires de Regnier, imprimées à part et dans leur ordre, à la fin du second volume.

198. Œuvres satirique (sic) de P. Corneille Blessebois. *A Leyde*, 1676. 3 vol. in-12, front. gravé, mar. rouge, dos orné, fil., tête dor. éb

> Précieux exemplaire, entièrement non rogné.
> Ces trois volumes comprennent : *l'Almanac des Belles pour l'année* 1676; *l'Eugenie, tragedie, dedié* (sic) *à Son Altesse le prince d'Orange*, et le *Rut, ou la Pudeur éteinte*.
> Suivant M. Willems, *les Elzevier*, n° 1895, cette édition aurait été publiée par Félix Lopez de Haro, libraire à Leyde.
> Cet exemplaire provient des ventes Sensier, Montaran, Chaponay et O. de Béhague.

199. L'Élite des poësies héroïques et gaillardes de ce temps, augmentées de plusieurs manuscrits non encore vus. *S. l.* (*Holl.*), *imprimé cette année*, 1682. In-12, mar. bleu, dos orné, fil., tr. dor. (*Masson-Debonnelle*.)

200. Recueil de pièces choisies rassemblées par les soins du Cosmopolite. *A Ancone,* 1785 (*Leyde,* 1865). 2 vol. in-8, demi-rel. dos et coins mar. bleu, tête dor., éb.

> Réimpression faite à 163 exemplaires. PAPIER DE HOL-LANDE.

201. La Pucelle d'Orléans, poëme héroï-comique; nouvelle édition sans faute et sans lacune, augmentée d'une épître du père Grisbourdon à M. de Voltaire, et un jugement sur le poëme de la Pucelle en dix-huit chants. *A Amsterdam,* 1757. In-12, mar. rouge, dos orné, fil., tr. dor. (*Rel. anc.*)

> Bel exemplaire.

202. La Pucelle d'Orléans, poëme en vingt-un chants (par Voltaire), avec des notes, auquel on a joint plusieurs pièces qui y ont rapport. *A Londres* (*Cazin*), 1780. 2 vol. pet. in-12, front. et vign. de Duplessis-Bertaux, veau marb., tr. dor.

> Bel exemplaire.

203. LA PUCELLE, poëme en xxv chants, avec les notes et les variantes, édition conforme à l'original, publiée en 1784. *De l'imprimerie de la Société littéraire typographique,* 1789. 2 tomes en un vol. in-8, mar rouge, dos orné, enc. de fil. avec mosaïque, tabis, tr. dor. (*Bozérian.*)

> Exemplaire dans lequel on a ajouté les 21 vignettes dessinées par Moreau (première suite) AVANT LA LETTRE et les quatre portraits de Jeanne d'Arc, Charles VII, Agnès Sorelle (*sic*) et Dunois.

204. La Guerre des Dieux anciens et modernes, poëme en dix chants, par Évariste Parny. *A Paris, chez*

P. Didot l'aîné, an VII. In-12, mar. rouge, dos orné, fil., tête dor., éb. (*Bedford.*)

ÉDITION ORIGINALE, bel exemplaire.

205. Le Parnasse satyrique du xixe siècle, recueil de vers piquants et gaillards de MM. de Béranger, V. Hugo, E. Deschamps, A. Barbier, A. de Musset, Barthélemy, Protat, G. Nadaud, de Banville, Baudelaire, Monselet, etc., etc. *Rome, à l'enseigne des Sept péchés capitaux* (*Bruxelles, Poulet-Malassis*), *S. d.* 2 tomes en 1 vol. in-12, front. par Rops, mar. citron jans., tr. dor. (*Petit.*)

206. Le Courrier burlesque de la Guerre de Paris, envoyé à Monseigneur le prince de Condé, pour diuertir son Altesse durant sa prison ; ensemble tout ce qui se passa iusqu'au retour de leurs Majestez. *Imprimé à Anvers, et se vend à Paris, au Palais,* 1650. Pet. in-12, mar. vert, encadr. de fil., dos orné, tr. dor. (*Trautz-Bauzonnet.*)

Cette Chronique rimée sur la Fronde, dans le genre des gazettes de Loret et de Robinet, est attribuée au sieur de Saint-Jullien.

207. L'ESCHOLE DE SALERNE (de Villanova) en vers burlesques (par Martin); et duo Poemata macaronica; de Bello huguenotico (par Remy Belleau); et de Gestis magnanimi et Prudentissimi Baldi (par Théophile Folengo). *Suivant la copie imprimée à Paris* (*Leyde, Elzevier*), 1651. In-12, vélin. (*Première reliure.*)

Bel exemplaire. Hauteur : 132 millimètres.

Recueils de Poésies.

208. Recueil des plus belles pièces des poëtes françois, tant anciens que modernes, depuis Villon jusqu'à M. de Benserade. *A Paris, chez Claude Barbin*, 1692. 5 vol. pet. in-8, cuir de Russie, fil., tr. dor.

>Bel exemplaire de cette collection connue sous le nom de Recueil de Barbin.

209. La Muse chrestienne, ou Recueil des poésies chrestiennes tirées des principaux poëtes françois, auec un discours de l'influence des astres, du destin ou fatalité, de l'interprétation des fables et pluralité des Dieux introduits par les poëtes, contenu en l'avant-propos de l'auteur de ce recueil. *A Paris, chez Gervais Malot,* 1582. Pet. in-12, réglé, mar. brun, dos orné de rinceaux de feuillages, fil. et milieux, tr. dor. (*Rel. anc.*)

>Bel exemplaire dans une curieuse reliure. On lit sur le plat recto de la reliure la devise : *Dextra mihi Deus,* et sur le plat verso : *Mihi dextra Maria.* Dans le milieu des guirlandes de feuillage dont les plats sont ornés, on lit d'un côté *Vie* et les chiffres 10, 4, 5, et de l'autre *Ma Part* et les chiffres 1, 2, 6, 9, 3, 8, devise de *Marie Petau,* sœur du célèbre savant Denis Petau.
>
>Piqûre de vers du f. 45 à la fin.
>
>Le volume renferme un grand nombre de pièces de vers de Baïf, Ronsard, Desportes, etc.

210. Recueil des plus beaux vers de Messieurs de Malherbe, Racan, Maynard, Bois-Robert, Monfuron, Lingendes, Touvant, Motin, de Lestoille, et autres divers auteurs des plus fameux esprits de la cour, reueuz, corrigez et augmentez. *A Paris, chez Tous-*

saint du Bray, 1630. In-8, mar. rouge, dos orné, fil., tr. dor. (*Hardy-Mennil.*)

<small>De la bibliothèque de M. Ambr.-Firmin Didot.</small>

D. Chansons.

211. Les Chansons de Gaultier Garguille, troisiesme édition. *A Paris, chez François Targa*, 1636. In-12, front., mar. citron, dos orné, dent., tabis, tr. dor. (*Bisiaux.*)

<small>Cette édition ne renferme pas, comme la première de 1632, le privilège accordé à l'auteur de ces chansons, le comédien Hugues Gueru; mais on a conservé le frontispice, donnant son portrait, ainsi que celui de ses compagnons, Turlupin et Gros Guillaume.</small>

212. CHOIX DE CHANSONS MISES EN MUSIQUE, PAR M. DE LA BORDE, premier valet de chambre ordinaire du Roi, gouverneur du Louvre, ornées d'estampes, par J.-M. Moreau, [Le Barbier, Le Bouteux et Saint-Quentin], dédiées à Madame la Dauphine. *A Paris, chez de Lormel*, 1773. 4 tomes en 2 vol. in-8, portr. et fig., mar. citron, dos orné, fil., tr. dor. (*Rel. anc.*)

<small>Bel exemplaire, contenant le portrait de La Borde à la Lyre, et auquel on a ajouté trois autres portraits par Denon, Gaucher, etc.</small>

213. CHANTS ET CHANSONS POPULAIRES de la France. *Paris, Delloye*, 1843. 3 vol. gr. in-8, fig., demi-rel. dos et coins, mar. rouge, tête dor., éb. (*Petit.*)

<small>Premier tirage. Bel exemplaire. Relié avec les couvertures illustrées.</small>

5. POÈTES ITALIENS, ANGLAIS ET ALLEMANDS

214. LE TERZE RIME di Dante. (A la fin :) *Venetiis, in œdib. Aldi, accuratissime Men. Aug.* M.D. II[1502]. In-8, mar. rouge jans., tr. dor. (*Thibaron-Joly*.)

<blockquote>Très-bel exemplaire de cette rare édition où la marque des Aldes a été employée pour la première fois.</blockquote>

215. Il Petrarca. *In Venetia,* 1546. (A la fin :) *Nelle case de' figlivoli di Aldo.* In-8, mar. bleu, dos orné, dent., doublé de tabis, tr. dor. (*Rel. anc.*)

<blockquote>Bel exemplaire de Ant.-Ant. Renouard, avec son chiffre sur le dos de la reliure.</blockquote>

216. Il Petrarcha con l'espositione d'Alessandro Vellutello, di novo ristampato con le figure a i Triomphi, et con più cose utili in varii luoghi aggiunte. *In Vinegia, appresso Gabriel Giolito de' Ferrari e fratelli*, 1552. In-8, fig. mar. brun, riches comp. couvrant les plats et le dos, tr. dor.

<blockquote>Belle reliure italienne.
Le titre est renfermé dans un joli encadrement, et au verso du 2° f. se trouvent les portraits de Laure et Pétrarque.</blockquote>

217. ORLANDO FURIOSO di M. Lodovico Ariosto nuouamente adornato di figure di rame, da Girolamo Porro et di altre cose che saranno notate nella seguente facciata. *In Venetia,* 1584, *appresso Francesco de' Franceschi Senese e compagni.* In-4, fig., vélin, dent. peinte, tr. dor. et peinte, étui. (*Rel. anc.*)

<blockquote>Très-bel exemplaire de cette jolie édition, recherchée pour les notes et les figures dont elle est ornée. Cet exemplaire est précieux en ce qu'il renferme la 34° planche, qui n'a été</blockquote>

ajoutée après coup que dans un très-petit nombre d'exemplaires (voy. BRUNET, I, 436).

Curieuse reliure en vélin ; sur l'un des plats se trouve le portrait de l'Arioste finement dessiné à l'encre de Chine, et, sur l'autre, un dessin représentant Orlando arrachant des arbres. Un joli paysage est peint sur la tranche.

218. Orlando Furioso di Lodovico Ariosto. *Birmingham, da' torchi di G. Baskerville, per P. Molini*, 1773. 4 vol. in-4, fig. de Cochin, Eisen, Moreau, Greuze, Cipriani, etc., mar. vert, dos orné, large dent., orn. à froid, tr. dor.

Bel exemplaire en GRAND PAPIER.

219. La Gerusalemme liberata di Torquato Tasso stampata d'ordine di Monsieur. *Parigi, presso Franc.-Ambr. Didot l'aîné*, 1784. 2 vol. in-4, front. et fig. de Cochin, mar. rouge, dos orné, dent., armes, tr. dor. (*Rel. anc.*)

Le deuxième volume est en demi-reliure, dos et coins, mar. vert, tête dor., éb.

De la bibliothèque de M. Emmanuel Martin.

220. La Jérusalem de Torquato Tasso, édition nouvelle, corrigée en divers endroits sur l'original italien, et augmentée d'un Recueil d'observations nécessaires, auec l'allégorie du poëme, de la version de I. Baudoin. *A Paris, chez Nicolas et Iean de la Coste*, 1648. Pet. in-8, fig. de Michel Lasne, mar. rouge, dos orné, fil., tr. dor. (*Rel. anc.*)

Exemplaire aux armes de la comtesse de VERRUE.

221. Aminta, favola boschereccia di Torquato Tasso. *Parigi, appresso A. Nepveu*, 1811. In-12, fig., mar. violet, dos orné, dent., tr. dor. (*Chilliat.*)

Exemplaire sur PEAU DE VÉLIN, avec la suite des 10 figures de Desenne en double état, noires et coloriées.

222. Richardet, poëme (traduit de l'italien, de Fortiguera, par Dumouriez). *Londres (Cazin)*, 1781. 2 vol. pet. in-12, titres gravés, mar. rouge, dos orné, fil., tr. dor. (*Rel. anc.*)

223. Ossian, barde du troisième siècle. Poésies galliques en vers français, par M. L. Baour-Lormian; quatrième édition avec gravures. *Paris, L. Janet, s. d.* In-12, fig., mar. rouge, dos orné, dent., tr. dor.

> De la vente Hilaire Grésy.

224. Speculum vitæ aulicæ. De admirabili Fallacia et Astutia Vulpeculæ Reinikes Libri quatuor, nunc primum ex idiomate Germanico latinitate donati, adiectis elegantissimis iconibus, veras omnium apologorum animaliumque species ad viuum adumbrantibus, auctore Hartmanno Schoppero, Nouoforense Norico. *Francof. ad Mœnum*, 1579. Pet. in-8, vign., cartonné, vélin blanc, *non rogné*.

> Superbe exemplaire *broché*, en partie *non coupé*. Traduction libre en vers latins du Roman du Renard.
> Ce livre est remarquable par les gravures sur bois des célèbres artistes Jost Amman et Virg. Solis dont il est orné.

225. Ein wunderliche Weissagung von dem Bapstumb, wie es yhm bis an das ende der welt ge hen sol, ynn figuren odder gemelde begriffen gefunden zu Nurmberg ym Cartheuser kloster und ist seer alt. Ein vorred Andreas Osianders. Mit gutter verstendtlicher auslegung durch gelerte leut verklert. Wilche Hans Sachs yn Deudsche reymen gefasset und darzu gesetzt hat. (*Nuremberg*), 1527. In-4, mar. rouge jans., tr. dor. (*Petit*.)

> Ce poème satirique contre la papauté, de Hans Sachs, est

K. 5.

illustré de 30 fig. sur bois, qui ont trait au différend du pape et du clergé.

226. Les Quatre Parties du jour, poëme traduit de l'allemand de M. Zacharie. *A Paris, chez J.-B.-G. Musier fils,* 1769. In-8, fig. d'Eisen, veau, tr. dor.

Bel exemplaire.

IV. POÉSIE DRAMATIQUE

1. GÉNÉRALITÉS

227. Lettres sur les spectacles, avec une histoire des ouvrages pour et contre les théâtres, par M. Desprez de Boissy ; sixième édition, revue, corrigée et augmentée par l'auteur. *A Paris, chez Boudet,* 1777. 2 vol. pet. in-8, mar. rouge, dos orné, fil., tr. dor. (*Rel. anc.*)

2. POÈTES DRAMATIQUES LATINS

228. Publ. Terentii Comœdiæ sex, ex recensione Heinsiana. *Lugd. Batavorum, ex officina Elzeviriana, a°* 1635. Pet. in-12, titre gravé, mar. rouge, dos orné, fil., tr. dor. (*Rel. anc.*)

Bel exemplaire, hauteur 121 mm., de la PREMIÈRE ÉDITION elzevirienne, correspondant exactement à la description donnée par M. Willems.

229. L. ANNÆI SENECÆ Tragœdiæ cum exquisitis variorum observationibus et nova recensione Antonii Thysii. *Lugduni Batavorum, ex offic. Francisci*

Moyardi, 1652. In-8, titre gravé, mar. vert, dos orné, fil., tr. dor. (*Rel. anc.*)

<small>Exemplaire portant sur le dos et sur les plats, l'insigne de Longepierre, la Toison d'or.
De la bibliothèque du comte d'Auteuil.</small>

3. POÈTES DRAMATIQUES FRANÇAIS

230. Le Mistere du viel testament par personnages ioue a Paris hystorie et imprime nouuellement audit lieu auquel sont contenus les misteres cy apres declairez. (A la fin :) *Cy finist le vieil testament par personnaiges ioue a Paris et imprime nouuellement audit lieu par maistre Pierre le Dru pour iehan Petit libraire iure de luniuersite de Paris demourant en la rue sainct iaques a lenseigne du lion dargent.* In-fol. goth. de 336 ff. chiffr., fig. sur bois, mar. rouge, dos orné, fil., tr. dor. (*Rel. anc.*)

<small>Cette édition est la plus ancienne connue de cet important mystère. La représentation à Paris ayant eu lieu vers 1500, cette édition doit avoir été imprimée dans les premières années du XVIe siècle.
Une réimpression de ce mystère, œuvre collective et dont il n'y a pas lieu de rechercher l'auteur, est en cours d'exécution; elle a été entreprise par feu M. le baron James de Rothschild.
Pour la description de ce volume, nous renvoyons à la préface de cette savante édition. (Voy. T. Ier, Introduction, pp. xxj-xxij.) Ce même volume se retrouve sous le nom de Geoffroy de Marnef.
Le titre, imprimé en rouge et noir, porte la marque de J. Petit ; cette marque se retrouve au recto du dernier f.
Raccommodages au titre et au dernier f.</small>

231. L'Illustre Theatre de Monsr Corneille. *A Ley-*

den, 1644. In-12, mar. brun, dos orné, fil., tr. dor. (*Koehler*.)

<small>Ce rare volume contient le *Cid*, la *Mort de Pompée, Cinna, Polyeucte*, à la date de 1644, et *Horace*, à la date de 1645. On a ajouté le *Menteur* et la *Suite du Menteur* à la date de 1645.
Le titre ci-dessus est fac-similé.</small>

232. LE THÉÂTRE DE P. CORNEILLE, reveu et corrigé par l'autheur. *Imprimé à Rouen, et se vend à Paris, chez Thomas Jolly,* 1664. 2 vol. in-fol., front. et portr., mar. rouge, dos orné, fil., tr. dor. (*Bedford*.)

<small>Bel exemplaire.</small>

233. LE THÉÂTRE DE P. CORNEILLE, reveu et corrigé et augmenté de diverses pièces nouvelles. *Suivant la copie imprimée à Paris*, 1664. 5 vol. — Les Tragédies et Comédies de Th. Corneille, reveues et corrigées, et augmentées de diverses pièces nouvelles. *Suivant la copie imprimée à Paris*, 1665-1678. 5 vol. Ensemble, 10 tomes en 9 vol., portr., front. et fig., mar. bleu, dos orné, fil., doublé de mar. rouge, dent., tr. dor. (*Cuzin*.)

<small>Bel exemplaire de cette rare édition des œuvres de Pierre et Thomas Corneille, faisant partie de la Collection des Elzevier.
Toutes les pièces sont de bonne date et possèdent leur frontispice gravé. On a ajouté un double frontispice pour le *Cid* et un portrait de Th. Corneille.
Exemplaire très-grand de marges, avec témoins; hauteur : 132 mill. Jolie reliure.</small>

234. ŒUVRES DE P. CORNEILLE, avec les Commentaires de Voltaire. *Paris, A.-A. Renouard*, 1817. 12 vol.

in-8, portr. et fig. de Moreau, demi-rel. mar. vert, *non rognés*.

Exemplaire en grand papier vélin, avec les figures AVANT LA LETTRE.

Le 12ᵉ volume renferme *Ariane*, le *Comte d'Essex* et le *Festin de Pierre*, de Th. Corneille, avec deux figures de Moreau.

235. La Mort de Pompée, tragédie (par Corneille). *A Paris, chez Ant. de Sommaville*, 1644. Pet. in-12, vélin blanc.

ÉDITION ORIGINALE, in-12. Hauteur : 123 mill.

236. Le Geôlier de soy-mesme, comédie (par Th. Corneille). *Imprimé à Rouen par L. Maurry, pour Guillaume de Luynes, à Paris*, 1656. Pet. in-12, dérelié.

ÉDITION ORIGINALE.

237. La Devineresse, ou les Faux Enchantemens, comédie représentée par la Troupe du Roy (par Th. Corneille et J. Donneau de Visé). *A Paris, chez C. Blageart*, 1680. In-12, *dérelié*.

ÉDITION ORIGINALE.

238. LES OEVVRES DE MONSIEVR MOLIÈRE. *A Paris, chez Iean Guignard fils* (tome II, *chez Guillaume de Luyne)*, 1666. 2 vol. in-12, front., mar. rouge jans., doublé de mar. rouge, dent., tr. dor. (*Trautz-Bauzonnet.*)

Très-bel exemplaire de la PREMIÈRE ÉDITION COLLECTIVE. Hauteur : 144 mill.

239. LES ŒUVRES DE MONSIEUR DE MOLIÈRE. *A Paris, chez Denys Thierry et Claude*

Barbin, 1674-1675. 7 vol. in-12, mar. rouge jans., doublé de mar. bleu, dent., tr. dor. (*Cuzin.*)

>Très-bel exemplaire.
>Édition préparée par l'auteur et publiée après sa mort.

240. LES ŒUVRES DE MONSIEUR DE MOLIÈRE, reveuës, corrigées et augmentées, enrichies de figures en taille-douce. *A Paris, chez Denis Thierry, Claude Barbin et Pierre Trabouillet*, 1682. 8 vol. in-12, fig. de Brissart, mar. vert, dos orné, fil., tr. dor (*Reymann.*)

>Bel exemplaire de la première édition complète donnée après la mort de Molière par Vinot et La Grange.

241. LES ŒUVRES DE MONSIEUR MOLIÈRE. *A Amsterdam, chez Jacques le Jeune*, 1675. 5 vol. in-12. — Les Œuvres posthumes de monsieur de Molière, enrichies de figures en taille-douce. *A Amsterdam, chez Guillaume le Jeune*, 1689. In-12. Ens. 6 vol. in-12, fig., mar. rouge, dos orné, fil., tr. dor. (*Bedford.*)

>Bel exemplaire avec toutes les pièces de bonne date. Hauteur : 131 millim.
>On a ajouté dans le volume des *Œuvres posthumes* le Festin de Pierre de Molière, édition d'Amsterdam, 1683, contenant en entier la scène du *Pauvre.*
>Très-rare.

242. ŒUVRES DE MOLIÈRE. Nouvelle édition. *A Paris* (*Prault*), 1734. 6 vol. in-4, portr. de Lépicié, fig. de Boucher, mar. rouge, dos orné, fil., tr. dor. (*Cuzin.*)

>Très-bel exemplaire du premier tirage.

243. Œuvres de Molière, nouvelle édition. *A Paris,*

chez Davits, 1753-1760. 8 vol. in-12, portr. et fig., mar. vert, dos orné, fil., tr. dor. (*Rel. anc.*)

Bel exemplaire. Réduction des figures de Boucher par Punt.

244. Œuvres de Molière, avec des remarques grammaticales, des avertissemens et des observations sur chaque pièce, par M. Bret. *A Paris, par la compagnie des Libraires associés,* 1773. 6 vol. in-8, portr. et fig. de Moreau, veau fauve, dos orné, fil., tr. rouge. (*Rel. anc.*)

Bel exemplaire.

245. L'Estourdy, ou les Contre-temps, comédie représentée sur le théâtre du Palais-Royal, par I.-B. P. Molière. *A Paris, chez Gabriel Quinet,* 1663. In-12, mar. rouge jans., tr. dor. (*Cuzin.*)

Édition originale.

246. Amphitryon, comédie, par I.-B. P. de Molière. *A Paris, chez Iean Ribou,* 1668. In-12, mar. rouge jans., tr. dor. (*Cuzin.*)

Édition originale.

247. L'Avare, comédie, par I.-B. P. Molière. *A Paris, chez Jean Ribou,* 1669. In-12, mar. rouge jans., tr. dor. (*Thibaron-Joly.*)

Édition originale.

248. George Dandin, ou le Mary confondu, comédie, par I.-B. P. de Molière. *A Paris, chez Jean Ribou,* 1669. In-12, mar. rouge jans., tr. dor. (*Thibaron-Joly.*)

Édition originale.

249. Les Femmes sçavantes, comédie, par I.-B. P. Molière. *A Paris, chez Pierre Promé*, 1673. In-12, mar. rouge jans., tr. dor. (*Cuzin.*)

<small>Contrefaçon de l'ÉDITION ORIGINALE.</small>

250. LE FESTIN DE PIERRE, comédie, par J.-B. P. de Molière; édition nouvelle et toute différente de celle qui a paru jusqu'à présent. *A Amsterdam*, 1683. In-12, front., mar. rouge, dos orné, milieux, tr. dor. (*Thibaron-Joly.*)

<small>Précieuse édition contenant en entier la fameuse scène II de l'acte III connue sous le nom de *Scène du pauvre*.
Très-bel exemplaire. Hauteur : 135 millim.</small>

251. Œuvres de Racine. *Suivant la copie imprimée à Paris* (*Holl.*), 1682. 2 vol. in-12, front. et fig. — Esther, tragédie, tirée de l'Escriture sainte. *Suivant la copie imprimée à Paris*, 1689. In-12. — Athalie, tragédie, tirée de l'Escriture sainte. *Suivant la copie imprimée à Paris*, 1691. In-12, 4 part. en 3 vol. in-12, front. et fig., mar. vert, dos orné, fil., tr. dor. (*Bedford.*)

<small>Hauteur : 133 millim. Raccommodages.</small>

252. ŒUVRES DE RACINE. *A Paris, chez Pierre Trabouillet*, 1687. 2 vol. in-12, front. et fig., mar. vert, dos orné, fil., doublé de mar. rouge, dent., tr. dor. (*Cuzin.*)

<small>Superbe exemplaire, hauteur 163 millim., de cette rare édition. On a relié à la suite du premier volume : ESTHER, *tragédie tirée de l'Escriture sainte,* Paris, 1689, in-12, front. gr. ÉDITION ORIGINALE dans ce format, et à la suite du 2ᵉ volume : ATHALIE, *tragédie tirée de l'Escriture sainte,* Paris, 1692, in-12, front. gr. ÉDITION ORIGINALE dans ce format.</small>

253. ŒUVRES COMPLÈTES DE J. RACINE, avec les notes

BELLES-LETTRES.

de tous les commentateurs; deuxième édition, publiée par L. Aimé-Martin. *Paris, chez Lefèvre,* 1822. 6 vol. gr. in-8, demi-rel. dos et coins de mar. rouge, tête dor., éb. (*Capé.*)

> Exemplaire en grand papier vélin, auquel on a ajouté la suite AVANT LA LETTRE des figures de Moreau publiée par Renouard, celle de Gravelot AVANT LA LETTRE, celle de Lebarbier AVANT LA LETTRE (moins Mithridate et le portrait) et 26 pièces diverses tirées des suites de Desenne, Garnier, etc.

254. MITHRIDATE, tragédie, par M. Racine. *A Paris, chez Claude Barbin,* 1673. In-12, mar. rouge jans., tr. dor. (*Thibaron-Joly.*)

> ÉDITION ORIGINALE. Hauteur : 151 millim.

255. La Folle Journée, ou le Mariage de Figaro, comédie en cinq actes, en prose, par M. de Beaumarchais. *Au Palais-Royal, chez Ruault,* 1785. In-8, fig., mar. bleu, dos orné, fil., tr. dor. (*Petit.*)

> ÉDITION ORIGINALE; figures de Saint-Quentin, gravées par Malapeau et Roy.

256. Hernani, ou l'Honneur castillan, drame, par Victor Hugo, représenté sur le Théâtre-Français le 25 février 1830. *Paris, Mame et Delaunay-Vallée,* 1830. In-8, demi-rel. dos et coins mar. rouge, tr. dor. (*Kaufmann.*)

> ÉDITION ORIGINALE.

257. Le Roi s'amuse, drame, par Victor Hugo. *Paris, E. Renduel,* 1832. In-8, demi-rel. dos et coins mar. rouge, tr. dor. (*Kaufmann.*)

> ÉDITION ORIGINALE. Le titre porte une vignette de Tony Johannot.

258. Œuvres de Victor Hugo. Drames. Lucrèce Bor-

gia. *Paris, E. Renduel*, 1833. In-8, demi-rel. dos et coins mar. rouge, tr. dor. (*Kaufmann.*)

ÉDITION ORIGINALE.

259. Œuvres complètes de Victor Hugo. Drames. Tome septième. Ruy-Blas. *Paris, Delloye*, 1838. In-8, demi-rel. dos et coins mar. rouge, tr. dor. (*Kaufmann.*)

ÉDITION ORIGINALE, avec cette dédicace autographe : *Au grand statuaire, à l'excellent ami, à David.* V. H.

260. Les Burgraves, trilogie, par Victor Hugo. *Paris, E. Michaud*, 1843. In-8, demi-rel. dos et coins mar. rouge, tête dor., éb. (*Petit.*)

ÉDITION ORIGINALE.

V. ROMANS ET CONTES

I. ROMANS GRECS

261. LES AMOURS PASTORALES DE DAPHNIS ET CHLOÉ (traduites du grec de Longus, par J. Amyot). *S. l.* (*Paris, Quillau*), 1718. In-12, front. et fig. de Philippe d'Orléans, gravés par Audran, mar. vert, dos orné, large et riche dentelle à l'oiseau, doublé de tabis, tr. dor. (*Derome.*)

Superbe exemplaire de la PREMIÈRE ÉDITION, avec les figures du Régent. On y a ajouté la figure dite des *Petits pieds*.
Très-jolie reliure, d'une grande fraîcheur.

2. ROMANS FRANÇAIS

A. Romans de chevalerie. — Romans en prose poétique.

262. MELIADUS DE LEONNOYS. Ou present volume sont contenus les nobles faictz darmes du vaillant roy Meliadus de Leonnoys. Ensemble plusieurs autres nobles proesses de Cheualerie faictes tant par le roy Arthus Palamedes le Morhoult d'Irlande, le bon chevalier sans paour Galehault le brun, Segurades, Galaad, que autres bons cheualiers estans au temps dudit roy Meliadus. Histoire singuliere et recreatriue. *Nouvellement imprimé à Paris. Avec privilege du roy nostre sire. On les vend à Paris en la grand salle du Palais au premier pillier en la boutique de Galliot du Pre marchant libraire iuré de luniuersite.* (A la fin) : *Ce present vollume... fut acheue d'imprimer à Paris le xxv° iour du moys de nouembre, l'an mil cinq cens xxviii* [1528]. In-fol. goth. à 2 col., fig. sur bois, mar. la Vallière, riches comp. en mosaïque de mar. vert, blanc, noir et rouge, tr. dor. (*Hagué.*)

Première édition de ce rare roman de chevalerie.
De la bibliothèque Ambroise-Firmin DIDOT.

263. La tres elegante, delicieuse, mellifue et tres plaisante hystoire de tres-noble victorieux et excellentissime roy Perceforest, roy de la grand Bretaigne, fundateur du franc palais et du temple du souverain Dieu... *On les vend a Paris pres le palais en la boutique de Galliot dū Pre libraire iuré de luniuersite. Mil cinq cens xxviii* [1528]. 6 tomes en

2 vol. in-fol. goth., fig. sur bois, mar. citron, dos orné, fil., tr. dor. (*Rel. anc.*)

<small>La reliure du premier volume est déboîtée, et le titre de la première partie est remmargé.

Première édition, la plus recherchée de ce roman.</small>

264. Histoire du Petit Jehan de Saintré et de la dame des Belles-Cousines, extraite de la vieille chronique de ce nom, par Tressan ; édition ornée de figures en taille-douce dessinées par Moreau le jeune. *A Paris, de l'impr. de Didot jeune,* 1791. In-12, fig., mar. bleu, fil., tr. dor.

<small>Très-bel exemplaire en GRAND PAPIER VÉLIN avec les jolies figures de Moreau AVANT LA LETTRE et EAUX-FORTES. On a ajouté une EAU-FORTE de Marillier.</small>

265. Les Amours de Psiché et de Cupidon [suivis d'Adonis, poëme], par M. de la Fontaine. *A Paris, chez Claude Barbin, au Palais, sur le Perron de la Sainte Chapelle,* 1669. In-8, mar. rouge, dos orné, fil., doublé de mar. bleu, large dentelle, tr. dor. (*Thibaron-Joly.*)

<small>ÉDITIONS ORIGINALES. Beaux exemplaires.</small>

266. Les Avantures de Télémaque, fils d'Ulysse, par feu messire François de Salignac de la Motte-Fénelon ; première édition, conforme au manuscrit original. *Paris, Florentin Delaulne,* 1717. 2 vol. in-12, front. et fig., mar. rouge, dos orné, fil., tr. dor. (*Bedford.*)

<small>Première édition sous cette date, imprimée en gros caractères.

Bel exemplaire. Hauteur : 160 mill.</small>

267. Les Aventures de Télémaque, par Fénelon. *De l'imprimerie de Monsieur,* 1785. 2 vol. in-4, front. et fig., mar. rouge, dos orné, dent., tabis, tr. dor. (*Signé : Derome le jeune.*)

>Très-bel exemplaire, avec les figures de Moitte, gravées par Parisot, gouachées avec le plus grand soin ; on a ajouté un portrait du duc de Bourgogne.

268. Le Temple de Gnide (par Montesquieu), nouvelle édition, avec figures gravées par N. Le Mire d'après les dessins de Ch. Eisen, le texte gravé par Drouët. *Paris, Le Mire,* 1772. Gr. in-8, front. et fig., mar. rouge, dos orné, fil., tr. dor. (*Rel. anc.*)

>Exemplaire très-grand de marges.
>On a conservé à la fin du volume l'*Avis au relieur*, un feuillet gravé.

269. Les Bergères de Madian, ou la Jeunesse de Moïse, poëme en prose en six chants, par Mme de Genlis. *Paris, Galignani,* 1812. In-12, mar. rouge, dos orné, dent., tr. dor.

>Papier vélin.

B. Romans de divers genres.

270. Les Œuvres de M. François Rabelais, docteur en médecine, contenans la vie, faicts et dicts heroïques de Gargantua et de son filz Pantagruel, auec la Prognostication Pantagrueline. *S. l.* 1596. In-16. — Le cinquiesme et dernier liure des faits et dits héroïques du bon Pantaguel, auquel est contenu ce qui s'ensuit : Les nauigations et isle sonnante, l'isle des Apedeftes, etc., auec la visitation de l'oracle de la Diue Bacbuc et le mot de la Bouteille... *A Lion, par Pierre*

Estiart, 1596. In-16. Ensemble un vol. in-16, mar. brun, fil., tr. dor.

271. Les Œuvres de M. François Rabelais, docteur en médecine, dont le contenu se voit à la page suivante, augmentées de la vie de l'auteur et de quelques remarques sur sa vie et sur l'histoire, avec l'explication de tous les mots difficiles. S. l. (*Amsterdam, Louis et Daniel Elzevier*), 1663. 2 vol. in-12, mar. citron, riche dorure couvrant les plats, comp. de mosaïque de mar. vert et rouge, doublé de mar. rouge, dent., tr. dor. (*Capé*.)

> Bel exemplaire de cette jolie édition. Hauteur : 133 mill. Portrait de Rabelais, gravé par *De Launay*, ajouté.

272. Œuvres de François Rabelais, contenant la vie de Gargantua et celle de Pantagruel, augmentées de plusieurs fragments et de 2 chapitres du V° livre restitués d'après un ms. de la Bibliothèque impériale, précédées d'une notice historique sur la vie et les ouvrages de Rabelais augmentée de nouveaux documents par P. L. Jacob (Paul Lacroix); nouvelle édition, revue sur les meilleurs textes et particulièrement sur les travaux de J. Le Duchat, et de S. de L'Aulnaye, éclaircie quant à l'orthographe et à la ponctuation, et accompagnée de notes succinctes et d'un glossaire par Louis Barré; illustrations par Gustave Doré. *Paris, J. Bry aîné,* 1854. Gr. in-8, fig. demi-rel. dos et coins mar. brun, tête dor., éb. (*Petit.*)

> Premier tirage. Bel exemplaire.

273. Les Songes drolatiques de Pantagruel, où sont contenues plusieurs figures de l'invention de mais

tre François Rabelais, et dernière œuvre d'iceluy, pour la récréation des bons esprits. *A Paris, par Richard Breton*, 1565. In-8, 120 fig. sur bois, mar. rouge, milieux, doublé de mar. citron, dent. de feuillages, tr. dor. (*Cuzin*.)

<small>Ce rare volume se compose de 120 figures grotesques qui, si elles ne sont pas de Rabelais, comme le dit le titre, ont été inspirées au moins par son livre.</small>

274. Lupanie, histoire amoureuse de ce temps (par Corneille Blessebois). *A Pari* (sic), *chez Jann* (sic) *Pierre de Marteau*, 1669. Pet. in-12, de 118 pp., vélin.

<small>Très-rare.</small>

275. Scarron aparu à Madame de Maintenon et les Reproches qu'il lui fait sur ses amours avec Louis le Grand. *A Cologne, chez Jean Le Blanc*, 1694. In-12 de 100 pp., basane.

276. Le Diable boiteux, par Le Sage, illustré par Tony Johannot, précédé d'une notice sur Le Sage par M. Jules Janin. *Paris, E. Bourdin*, 1842. Gr. in-8, vign., demi-rel. dos et coins mar. vert, tête dor., éb. (*Hardy*.)

277. HISTOIRE DE GIL BLAS de Santillane, par M. Le Sage; dernière édition, revue et corrigée. *A Paris, par les Libraires associés*, 1747. 4 vol. in-12, fig., mar. vert, dos orné, fil., tr. dor. (*Cuzin*.)

<small>Dernière édition, donnée par l'auteur. Très-bel exemplaire. Hauteur : 165 mill.</small>

278. Histoire de Gil Blas de Santillane, par Le Sage, vignettes de Jean Gigoux. *Paris, chez Paulin*, 1836.

Gr. in-8, portr. et vign., demi-rel. dos et coins mar. bleu, tête dor., éb. (*Petit.*)

Bel exemplaire.

279. Mahmoud le Gasnevide, histoire orientale, fragment traduit de l'arabe avec des notes. *A Rotterdam, chez Jean Hofhondt,* 1729. In-8, mar. vert, dos orné, fil., tr. dor. (*Rel. anc.*)

Histoire allégorique de la Régence, composée par J.-F. Melon.

280. MÉMOIRES ET AVANTURES D'UN HOMME DE QUALITÉ qui s'est retiré du monde, tome septième. *A Amsterdam, aux dépens de la Compagnie,* 1731. In-12, mar. bleu, dos orné, fil., doublé de mar. orange, dent., tr. dor. (*Cuzin.*)

Première édition du célèbre roman de l'abbé Prévost, *Manon Lescaut*. Très-bel exemplaire, contenant le faux-titre qui manque souvent. Hauteur : 129 mill.

281. HISTOIRE DU CHEVALIER DES GRIEUX et de Manon Lescaut (par l'abbé Prévost). *A Amsterdam, aux dépens de la Compagnie (Didot),* 1753. 2 vol. in-12, fig., mar. bleu, dos orné, compart. de fil. et fleurons, doublé de mar. citron, large et riche dent. XVIIIe siècle, tr. dor. (*Cuzin.*)

Très-bel exemplaire, en PAPIER DE HOLLANDE, de la dernière édition donnée par l'auteur. Vignettes et figures dessinées et gravées par Gravelot et Pasquier.
Hauteur : 155 mill.

282. Les Bijoux indiscrets (par Denis Diderot). *Au Monomotapa (Cazin), s. d.* 2 vol. pet. in-12, front. et fig., veau marb., tr. dor.

283. Romans et Contes de M. de Voltaire. *A Bouillon,*

aux dépens de la Société typographique, 1778. 3 vol. in-8, portr., front. et fig. de Monnet, mar. vert, dos orné, fil. à la Du Seuil, tr. dor. (*Capé.*)

Bel exemplaire.

284. Le Paysan perverti, ou les Dangers de la ville ; histoire récente, mise au jour d'après les véritables lettres des personnages, par N.-E. Rétif de la Bretonne. *Impr. à la Haye, et se trouve à Paris, chez la veuve Duchesne*, 1776. 4 vol. in-12, fig. — La Paysanne pervertie, ou les Dangers de la ville ; histoire d'Ursule R**, sœur d'Edmond, le Paysan, mise au jour d'après les véritables lettres des personnages (par Restif de la Bretonne). *Impr. à la Haye, et se trouve à Paris, chés la veuve Duchesne,* 1784. 4 vol. in-12, fig. Ensemble 8 vol. in-12, front. et fig., demi-rel. veau fauve, dos orné, tête dor., éb.

Cachets sur les titres.

285. Les Parisiennes, ou XL Caractères généraux pris dans les mœurs actuelles, propres à servir à l'instruction des personnes du sexe (par Restif de la Bretonne). *A Neufchâtel, et se trouve à Paris, chez Guillot,* 1787. 4 vol. in-8, fig., demi-rel. dos et coins mar. citron, tête dor., *non rognés*. (*Petit.*)

Bel exemplaire.

286. Les Nuits de Paris, ou le Spectateur nocturne (par N.-E. Restif de la Bretonne). *A Paris, chez Mérigot,* 1791-1794. 8 tomes en 16 vol. in-12, fig., demi-rel. dos et coins mar. citron, tr. dor. (*David.*)

287. PAUL ET VIRGINIE, par Jacques-Bernardin-Henri de Saint-Pierre, avec figures. *A Paris, de l'impr. de*

K.

Monsieur (*P.-Fr. Didot*), 1789. Pet. in-12, fig., mar. rouge, dos orné, dent., tabis, tr. dor.

<small>ÉDITION ORIGINALE. Très-bel exemplaire en PAPIER VÉLIN D'ESSONE, témoins. Figures de Moreau et J. Vernet.</small>

288. PAUL ET VIRGINIE, par J.-H. Bernardin de Saint-Pierre. *Paris, L. Curmer,* 1838. Gr. in-8, portr. et fig., mar. la Vallière, dos orné, fil., tr. dor. (*Raparlier.*)

<small>Superbe exemplaire avec le portrait du docteur, par Meissonier et le portrait de *la bonne Femme,* p. 418. Il porte l'ex-libris de M. F. Garde.</small>

289. Les Liaisons dangereuses, lettres recueillies dans une société et publiées pour l'instruction de quelques autres, par C*** de L** (Chaderlos de Laclos). *Londres,* 1796. 2 vol. in-8, fig., cuir de Russie, dos orné, dent., tr. dor. (*Simier.*)

<small>Papier vélin.</small>

290. LES AMOURS DU CHEVALIER DE FAUBLAS, par J.-B. Louvet ; troisième édition, revue par l'auteur. *Paris, chez l'auteur, an IV* (1796). 4 vol. in-8, fig., veau racine, dos orné, dent., tr. dor.

<small>Très-bel exemplaire en papier vélin, avec les 27 figures de Demarne, Mlle Gérard, Marillier, Monsiau et Monnet AVANT LA LETTRE. Très-rare. Nombreux témoins.</small>

291. PRIMEROSE, par M.. el de V..dé (Morel de Vindé). *A Paris, de l'impr. de P. Didot l'aîné,* 1797. Pet. in-12, front. et fig., mar. rouge, dos orné, fil., tr. dor. (*Rel. anc.*)

<small>De la Collection Bleuet. Bel exemplaire en PAPIER VÉLIN avec le frontispice et les figures de Lefèvre AVANT LA LETTRE et EAUX-FORTES</small>

BELLES-LETTRES. 83

292. ZÉLOMIR, par Morel (Vindé). *De l'impr. de P. Didot l'aîné, à Paris, chez Bleuet jeune*, 1801. Pet. in-12, fig., mar. rouge, dos orné, fil., tr. dor. (*Rel. anc.*)

> Papier vélin. Figures de Lefèvre AVANT LA LETTRE.

293. ŒUVRES DE VICTOR HUGO. Notre-Dame de Paris, huitième édition. *Paris, Renduel*, 1832. 3 vol. in-8, demi-rel. dos et coins mar. citron, *non rognés*. (*Petit*.)

> Exemplaire sur papier de Chine, portant une dédicace ainsi conçue : *Exemplaire unique. A Mademoiselle Louise Bertin, Hommage de profond et respectueux attachement.* VICTOR HUGO.
> Cette huitième édition, renfermant plusieurs chapitres inédits, est la première complète.

294. Victor Hugo. Notre-Dame de Paris ; édition illustrée d'après les dessins de MM. G. de Beaumont, L. Boulanger, Daubigny, T. Johannot, de Lemud, Meissonier, C. Roqueplan, de Rudder, Steinheil, gravés par les artistes les plus distingués. *Paris, Perrotin*, 1844. In-8, fig., demi-rel., dos et coins mar. bleu, tr. dor. (*Coverly*.)

> PREMIER TIRAGE. Bel exemplaire.

295. La Guzla, ou Choix de poésies illyriques, recueillies dans la Dalmatie, la Bosnie, la Croatie et l'Herzégowine (par Prosper Mérimée). *A Paris, chez F.-G. Levrault*, 1827. In-12, vign., cartonné, *non rogné*.

> ÉDITION ORIGINALE. Bel exemplaire dans le cartonnage de l'éditeur.

296. La Jacquerie, scènes féodales, suivies de la Fa-

mille de Carvajal, drame, par l'auteur du théâtre de Clara Gazul (P. Mérimée). *Paris, Brissot-Thivars*, 1828. In-8, cart., *non rogné*.

<small>Édition originale.</small>

297. Scènes de la Vie privée, par M. de Balzac. *Paris*, 1835-1837. 4 vol. — Scènes de la Vie de Province. *Paris*, 1834-1837, 4 vol. — Scènes de la Vie parisienne. *Paris*, 1835. 4 vol. Ens. 12 vol. in-8, demi-rel. veau fauve.

<small>Les Scènes de la Vie de Province sont imprimées sur papier rose et les Scènes de la Vie parisienne sur papier Jonquille.
Eugénie Grandet se trouve en édition originale dans le premier volume des Scènes de la Vie de Province.</small>

298. Balzac. La Peau de Chagrin, études sociales. *Paris, H. Delloye*, 1838. Gr. in-8, portr. et fig. sur acier, demi-rel. chagrin rouge, tr. jaspée.

<small>Premier tirage. Bel exemplaire.</small>

299. Mademoiselle de Maupin, double amour, par Théophile Gautier, auteur des Jeunes-France. *Paris, E. Renduel*, 1835. 2 vol. in-8, mar. rouge jans., tr. dor. (*Cuzin.*)

<small>Édition originale. Cachets grattés aux titres et faux-titres.</small>

300. Les Mystères de Paris, par M. Eugène Süe; nouvelle édition, revue par l'auteur. *Paris, Ch. Gosselin*, 1843-1844. 4 part. en 2 vol. gr. in-8, fig., demi-rel. dos et coins mar. bleu, tête dor., éb. (*David.*)

<small>Bel exemplaire.</small>

301. Mathilde, mémoires d'une jeune femme, par M. Eugène Süe; nouvelle édition, revue par l'auteur. *Paris, Ch. Gosselin*, 1844-1845. 2 vol. gr.

in-8, fig., demi-rel. dos et coins mar. bleu, tête dor., éb. (*Raparlier.*)

Bel exemplaire.

302. Le Juif-Errant, par Eugène Süe; édition illustrée par Gavarni. *Paris, Paulin,* 1845. 4 tomes en 2 vol. gr. in-8, fig., demi-rel. dos et coins mar. rouge, tête dor., éb. (*David.*)

Premier tirage. Bel exemplaire.

C. Contes et Nouvelles.

303. L'Heptameron des Nouuelles de tres illustre et tres excellente Princesse Marguerite de Valois, royne de Nauarre, remis en son vray ordre, confus au parauant en sa premiere impression, et dedié à tres illustre et tres vertueuse Princesse Jeanne, royne de Nauarre, par Claude Gruget Parisien. *A Lyon, par Guillaume Rouille,* 1561. In-12, mar. orange, dos orné, milieu de feuillages, tr. dor. (*Trautz-Bauzonnet.*)

Édition rare. Jolie reliure.

304. Les Nouvelles de Marguerite, reine de Navarre. *Berne, chez Beat Louis Walthard,* 1780. 3 vol. in-8, front. et fig., mar citron, fil., tr. dor. (*Rel. anc.*)

Belles épreuves.

305. Les Nouuelles Récréations et Ioyeux Deuis de Bonauanture des Periers, varlet de chambre de la Royne de Nauarre, reueues, corrigées et augmentées de nouueau. *A Rouen, de l'imprimerie de Dauid du Pe-*

tit-Val, libraire et imprimeur du Roy, 1615. In-12, mar. vert, encadr. de fil., tr. dor. (*Kœhler.*)

<small>Exemplaire de MM. Charles Nodier et Rob. S. Turner.</small>

306. HISTOIRES OU CONTES DU TEMPS PASSÉ, avec des moralitez, par le fils de monsieur Perrault de l'Académie françois (*sic*). *Suivant la copie, à Paris*, 1697. In-12, front. gravé et vign., mar. bleu jans., doublé de mar. orange, dent. int., tr. dor. (*Trautz-Bauzonnet.*)

<small>Superbe exemplaire de cette édition rare parue la même année que l'originale publiée à Paris par Cl. Barbin. Témoins.</small>

307. Contes des Fées, par Ch. Perrault, de l'Académie françoise, nouvelle édition, dédiée à Son Altesse sérénissime Mgr le duc de Montpensier. *A Paris, chez Lamy*, 1781. Pet. in-8, vign. de Martinet, mar. rouge, dos orné, fil., tr. dor. (*Cuzin.*)

<small>Le frontispice de Gravelot manque.</small>

308. Les Contes drolatiques colligez ez abbayes de Touraine, et mis en lumière par le sieur de Balzac, pour l'esbattement des pantagruelistes et non aultres; cinquiesme édition, illustrée de 425 dessins par Gustave Doré. *Se trouve à Paris, ez bureaux de la Société générale de librairie*, 1855. In-8, fig., demi-rel. dos et coins mar. rouge, tête dor., éb.

<small>Première édition illustrée.</small>

2. ROMANS ET CONTES ITALIENS, ESPAGNOLS ET ANGLAIS

309. IL DECAMERONE di M. Giovanni Boccaccio. *Londra (Parigi), Prault*, 1757. 5 vol. in-8, front. et fig. de

Boucher, Cochin, Eisen et Gravelot, veau écaille, tr. dor. (*Rel. anc.*)

Bel exemplaire.

310. LE DECAMERON DE MAISTRE IEAN BOCACE, Florentin, traduict d'italien en françois, par maistre Antoine Le Maçon, conseiller du Roy et trésorier de l'Extraordinaire de ses guerres. *A Paris, pour Claude Gautier*, 1578. Pet. in-12, portr., mar. bleu, dos orné, fil., tr. dor. (*Trautz-Bauzonnet.*)

Bel exemplaire.

311. HYPNEROTOMACHIA POLIPHILI, ubi humana omnia non nisi somnium esse docet atque obiter plurima scitu sane quam digna commemorat. (Opus a Francisco Columna compositum, et a Leon. Crasso Veronensi editum.) (A la fin): *Venetiis, mense decembri* M.ID. [1499], *in ædibus Aldi Manutii, accuratissime*. In-fol. fig. sur bois, mar. citron, dos orné, fil., tr. dor.

Exemplaire grand de marges. Les figures de ce remarquable volume sont attribuées à Andrea Montegna et à Giovanni Bellini.
La planche du *Sacrifice à Priape* est intacte.

312. Les Visions de Don Francisco de Queuedo Villegas, cheualier de l'ordre S. Iacques, et seigneur de Iuan-Abad, traduites d'espagnol par le sieur de la Geneste. *A Paris, chez Pierre Billaine*, 1633. In-8, vélin.

ÉDITION ORIGINALE de cette traduction.

313. La Vie et les Avantures surprenantes de Robinson Crusoé, contenant, entre autres évènemens, le séjour qu'il a fait pendant vingt-huit ans dans une Ile

déserte située sur la Côte de l'Amérique, près l'embouchure de la grande rivière Oroonoque, le tout écrit par lui-même, traduit de l'anglois (de Daniel de Foë, par Saint-Hyacinthe et Van Effen); cinquième édition. *A Leyde, chez E. Luzac junior*, 1754. 3 vol. in-12, fig., mar. rouge, fil. à froid, tr. dor. (*Reliure signée de Derome le jeune.*)

Le troisième volume contient : Réflexions sérieuses et importantes de Robinson Crusoé, faites pendant les aventures de sa vie, avec sa vision du monde angélique.

VI. FACÉTIES

Facéties de divers genres. — Ouvrages relatifs à l'amour, aux femmes et au mariage. — Dissertations singulières.

314. Les Bigarrures et Touches du seigneur des Accords (Estienne Tabourot), auec les Apophtegmes du sieur Gaulard et les Escraignes Dijonnoises, dernière édition, reueüe et de beaucoup augmentée. *A Rouen, chez David Geoffroy*, 1625, 5 parties en un vol. in-12, fig., mar. rouge jans., tr. dor. (*Duru et Chambolle.*)

315. Les Œuures de Bruscambille, diuisées en quatre liures, contenant plusieurs Discours, Paradoxes, Harangues et Prologues facécieux Reueu et augmenté par l'auteur (Des Lauriers). Dernière édition. *A Paris, chez Claude Colet*, 1619. In-12, mar. rouge, dos orné, fil., tr. dor. (*Bauzonnet.*)

Exemplaire de CH. NODIER.

Première édition où, sous le titre d'Œuvres, on a réuni la plus grande partie des plaisanteries contenues dans les volumes des *Fantaisies* et des *Nouvelles Imaginations*, du même auteur.

316. L'Hospital des Fols incurables, où sont déduites de poinct en poinct toutes les folies et les maladies d'esprit, tant des hommes que des femmes, œuvre non moins utile que récréative, et nécessaire à l'acquisition de la vraye sagesse, tirée de l'italien de Thomas Garzoni, et mise en nostre langue par François de Clarier, sieur de Long-Val. *Paris, F. Julliot*, 1620. In-12, mar. rouge, dos orné, fil., tr. dor. (*Derome*.)

Exemplaire de Ch. Nodiér.

317. Histoires facétieuses et morales, assemblées et mises au jour par J. N. D. P. (Jean-Nic. de Parival), avec quelques histoires tragiques. *A Leiden, chez Salomon Vagnenaer*, 1663. Pet. in-12, vélin.

Première édition elzévirienne. Hauteur : 127 mill.

318. Marottes à vendre, ou Triboulet tabletier, dont la gibecière, après avoir été égarée pendant plusieurs siècles, nous est enfin heureusement parvenue, munie d'un rare assemblage de hochets, breloques, colifichets et babioles de toutes espèces ; d'un travail non commun et possédants mille propriétés et vertus, non moins utiles et recherchées, que délectables et difficiles à trouver. *Au Parnasse burlesque : ex officina de la Banque du Bel Esprit, à l'enseigne de la Faceciosité, l'an premier de la nouvelle ère (Londres, de l'impr. de Harding et Wright*, 1812). In-12, veau vert marbré, dos orné, fil., tête dor., *non rogné*. (*Coverly*.)

Papier vélin. Intéressant recueil d'extraits de différents ouvrages. On y remarque les jolis contes de la Monnoye, la Harpe et Senecé. C'est d'un conte de ce dernier, intitulé *Filer le parfait amour*, que Musset a tiré le sujet de *Barberine*.

319. Colloque familier du vray, pudic, et syncère Amour, concilié entre deux amans, traduict de latin en françoys et augmenté de plusieurs authoritez et spirituelz propos, nouuellement imprimé, amplifié outre la première édition, 1544. *En l'imprimerie de Dénys Ianot, imprimeur du roy en langue françoyse, et libraire iuré de l'Université de Paris.* (Au verso de l'antépénultième f. :) *Cy fine ce présent liure, intitulé Colloque de pudic amour, faict et traduict par maistre Jaques du Clerc, aduocat es sièges royaulx de Compiengne, et nouuellement imprimé à Paris, par Denys Ianot, imprimeur du roy en langue françoyse.* Pet. in-12, mar. bleu, dos orné, milieux, tr. dor. (*Trautz-Bauzonnet*).

>Livre fort rare dans une jolie reliure.
>La première édition de 1540, signalée par La Croix du Maine, n'a pas été retrouvée.
>Les deux derniers ff. contiennent deux dizains aux lecteurs et la marque de *D. Janot*.
>Plusieurs chapitres sont précédés de vignettes sur bois.

320. Alphabet de l'imperfection et malices des femmes, reueu, corrigé et augmenté d'un friant dessert, et de plusieurs histoires en cette cinquième édition, pour les courtizans de la femme mondaine, par Iacques Olivier, dédié à la plus mauuaise du monde. *A Lyon, chez Iean Goy*, 1665. Pet. in-12, mar. orange jans., tr. dor. (*Coverly*).

321. Les Quinze Joyes de mariage, extraicts d'un viel exemplaire escrit à la main, passez sont quatre cens

ans. *A Lyon, par Pierre Rigaud*, 1607. In-16, mar. citron, encadr. de fil., dos orné, tr. dor. (*Bedford*.)

322. Les Agréemens et les Chagrins du mariage, nouvelle galante, dédiée aux dames. *Paris, G. Quinet,* 1692. In-12, mar. rouge, dos orné, fil., tr. dor. (*Coverly*.)

323. Les Priviléges du cocuage, ouvrage nécessaire tant aux cornards actuels qu'aux cocus en herbe. *A V...., chez Jean Cornichon, à l'enseigne du Coucou*, 1682. Pet. in-12, front. gravé, mar. citron, dos orné, fil., tr. dor. (*Trautz-Bauzonnnet*.)

> Bel exemplaire. De la bibliothèque de M. le baron de La Roche Lacarelle.

324. Sermon pour la consolation des cocus, suivi de plusieurs autres, comme celui du curé de Colignac, prononcé le jour des Rois; celui du R. P. Zorobabel, capucin, prononcé le jour de la Magdelaine. *A Amboise, chez Jean Coucou, à la Corne de cerf*, 1751. In-12, demi-rel. dos et coins mar. rouge, tête dor., éb. (*Cuzin*.)

> Réimpression faite vers 1820. On a relié à la suite : le Cocu consolateur (par Caron). *L'an du cocuage*, 5810. Et le Sermon d'un cordelier à des voleurs qui lui demandoient de l'argent ou la vie. 1752.

325. L'Éloge de la Folie, traduit du latin d'Erasme par M. Gueudeville; nouvelle édition revue et corrigée sur le texte de l'édition de Basle, ornée de nouvelles figures, avec des notes. *S. l.*, 1751. In-4, front. et fig., veau marbr., tr. rouge.

> Exemplaire en grand papier. Figures de Ch. Eisen.

VII. PHILOLOGIE

Satires. — Ana. — Entretiens.

326. Henrici Ernstii Helmstadiensis variarum observationum libri duo. *Amstelodami, apud Ioannem Ianssonium,* 1636. Pet. in-12, veau fauve.

> Exemplaire aux chiffres et aux premières armes de J.-A. de Thou.

327. Petrone latin et françois, traduction entière, suivant le manuscrit trouvé à Belgrade en 1688. *S. l.*, 1713. 2 vol. in-12, front., et fig. veau.

328. Apologie pour Hérodote, ou Traité de la Conformité des merveilles anciennes avec les modernes, par Henri Estienne ; nouvelle édition, faite sur la première, augmentée de tout ce que les postérieures ont de curieux, et de remarques par M. Le Duchat, avec une table alphabétique des matières. *A la Haye, chez Henri Scheurler,* 1735. 3 vol. pet. in-8, front., mar. vert, dos orné, fil., gardes en papier doré, tr. dor. (*Rel. anc.*)

> Bel exemplaire. Édition recherchée.

329. MARANZAKINIANA. *De l'imprimerie du Vourst, l'an 1730, et se vend chez Coroco, vis-à-vis les Cordeliers.* In-12, mar. rouge, dos orné, fil., tr. dor. (*Kœhler.*)

> Cet ouvrage, le plus rare des Ana, n'a été tiré qu'à une cinquantaine d'exemplaires.
> C'est l'abbé J.-B. Willart de Grécourt qui l'a rédigé. Maranzac était un écuyer d'écurie de Monseigneur, fils de

Louis XIV, et qui lui servait de fou ou plaisant. Ch. Nodier a consacré une notice à ce volume dans ses *Mélanges tirés d'une petite bibliothèque.*

330. Entretiens de village, par M. de Cormenin ; neuvième édition, ornée de 40 gravures (de Daubigny). *Paris, Pagnerre,* 1847. In-12, demi-rel. mar. brun, tête dor., éb. (*Raparlier.*)

VIII. ÉPISTOLAIRES

331. Lettres de Marie Rabutin-Chantal, marquise de Sévigné, à madame la comtesse de Grignan, sa fille. S. *l.*, 1726. 2 vol. in-12, mar. rouge jans., tr. dor. (*Thibaron-Joly.*)

Bel exemplaire. Coll. : tome Ier, 381 pp.; tome II, 324 pp.

332. Lettres choisies de madame de Sévigné, avec une notice par M. Poujoulat; eaux-fortes par V. Foulquier, *Tours, Alfred Mame et fils,* 1871. Gr. in-8, portr. et fig., mar. rouge, dos orné, fil., tr. dor. (*Allô.*)

Papier vergé, tiré à 300 exemplaires numérotés.

333. Lettre circulaire écrite aux supérieures des divers couvents des Carmélites de France sur la vie et la mort de Mme de la Vallière, religieuse carmélite. S. *l.* (*Paris*). *De notre premier couvent de l'Incarnation, ce sixième de juin* 1710. In-4 de 7 pp., demi-rel. dos et coins mar. brun. (*Capé.*)

Cette plaquette, d'une extrême rareté, renferme des détails fort intéressants sur les dernières années de la vie de la duchesse de la Vallière, et donne la date exacte de sa mort.

Le volume, sans titre, débute par les mots : *Jésus, Maria. Ma reverende et très chere mère*, et se termine par la signature de : *Sœur Magdelaine du Saint-Esprit, Religieuse Carmélite indigne.*

IX. POLYGRAPHES. — EXTRAITS DE DIFFÉRENTS AUTEURS

334. M. Tullii Ciceronis Opera, cum optimis exemplaribus accurate collata. *Lugd. Batavorum, ex officina Elzeviriana,* 1642. 10 vol. in-12, front. et portr., mar. vert, dos orné, fil., tr. dor. (*Rel. anc.*)

Jolie édition, rare et recherchée.

335. Les Œuvres de monsieur Scarron, reveues, corrigées et augmentées de nouveau. *Suivant la copie imprimée à Paris,* 1668. 2 vol. in-12. — Le Virgile travesty en vers burlesques, de monsieur Scarron; reveu et corrigé. *Suivant la copie imprimée à Paris,* 1668. 2 vol. in-12. — Le Romant comique de M. Scarron. *Suivant la copie imprimée à Paris,* 1668. 2 vol. in-12. — Le Romant comique; troisième et dernière partie (par A. Offray). *Suivant la copie imprimée à Paris,* 1668. In-12. — Les Nouvelles Œuvres tragi-comiques de monsieur Scarron. *A Amsterdam, chez Abraham Wolfganck,* 1668. In-12. — Les Dernières Œuvres de monsieur Scarron, divisées en deux parties. *Suivant la copie imprimée à Paris,* 1668. 2 vol. in-12. Ensemble 10 parties en 5 vol. in-12, front. et fig., mar. vert jans., tr. dor. (*Cuzin.*)

Exemplaire complet des Œuvres de Scarron publiées par

Wolfgang en 1668, Il est difficile de réunir les différents volumes de cette collection.

Bel exemplaire. Hauteur : 132 millimètres.

336. Les Nouvelles Œuvres de monsieur Le Pays. *A Amsterdam, chez Abraham Wolfgank, suivant la copie de Paris,* 1674. 2 vol. pet. in-12, front., mar. rouge, dos orné, fil., tr. dor. (*Rel. anc.*)

337. ŒUVRES DE LA FONTAINE; nouvelle édition, revue, mise en ordre et accompagnée de notes par C.-A. Walckenaer. *Paris, Lefèvre,* 1822. 6 tomes en 14 vol. in-8, portr. et fig., mar. citron, dos orné, fil., tr. dor. (*Petit.*)

Exemplaire de la bibliothèque de Ant.-Aug. Renouard, imprimé sur papier jonquille, avec le portrait et les figures de Moreau en double état AVANT LA LETTRE et EAUX-FORTES sur papier jonquille. On a ajouté :

Dans les *Œuvres* la suite de Tony-Johannot, avant la lettre, sur Chine et eaux-fortes.

Dans les *Fables,* la suite des fig. de Punt d'après Oudry, la suite de Grandville, celle de Desenne de la Bibliothèque française, la suite de Nepveu avant la lettre et eaux-fortes, etc., quantité de pièces séparées, et une partie de la suite de Simon et Coiny avant les numéros, fleurons tirés à part, en-têtes, etc.

Dans les *Contes* : la suite des figures d'Eisen, de l'édition des Fermiers Généraux, les culs-de-lampe de Choffard, tirage moderne, la suite des figures de Duplessis-Bertaux sur Chine, la suite des figures de Desenne, etc.

Dans les *Amours de Psiché :* la petite suite des figures de Moreau remmargées, la suite de Desenne avant la lettre et eaux-fortes, etc., plusieurs portraits de Saint-Aubin, lettre grise, parmi lesquels nous citerons celui de Molière, du duc de la Rochefoucauld, Racine, etc.

Des titres ont été imprimés spécialement pour la division des volumes.

338. Œuvres de monsieur Houdart de la Motte, l'un des quarante de l'Académie françoise. *Paris, Prault,*

1754. 10 tomes en 11 vol. in-12, veau racine, dos orné, fil., tr. dor.

<small>Exemplaire aux armes de M^mo DE POMPADOUR.</small>

339. ŒUVRES DE MONTESQUIEU ; nouvelle édition, plus correcte et plus complette que toutes les précédentes. *A Paris, chez Jean-François Bastien, 1788. 5 vol.* — Œuvres posthumes, pour servir de supplément aux différentes éditions in-8 qui ont paru jusqu'à présent. *A Paris, chez Plassan, l'an VI, 1798.* 1 vol. Ensemble 6 vol. in-4, portr., mar. rouge, dos orné, dent., tr. dor. (*Rel. anc.*)

<small>Exemplaire en GRAND PAPIER.
Les Œuvres posthumes, publiées de format in-8, sont remontées in-4.</small>

340. Œuvres mêlées de Mr de Voltaire; nouvelle édition, revue sur toutes les précédentes et considérablement augmentée. *A Genève, chez Bousquet, 1742.* 5 vol. pet. in-12, titres gravés et fig., mar. vert, dos orné, dent., tr. dor. (*Rel. anc.*)

341. ŒUVRES DE VOLTAIRE, avec préfaces, avertissements, notes, etc., par M. Beuchot. *Paris, Lefèvre, 1829-1834. 70 vol. gr. in-8.* — Table alphabétique et analytique des matières, par Miger. *Paris, 1840. 2 vol.* Ens. 72 vol. gr. in-8, demi-rel. dos et coins mar. rouge, tête dor., éb. (*David.*)

<small>Exemplaire en GRAND PAPIER JÉSUS VÉLIN, auquel on a ajouté la suite des 160 figures de Moreau AVANT LA LETTRE, et portraits de Saint-Aubin, lettre grise (suite publiée par Renouard) et la première suite des figures de Moreau, belles épreuves avec la lettre.
Le volume de la *Pucelle* appartient à l'édition Dalibon, en grand papier vergé ; le titre a été remplacé par celui de l'édition Beuchot.</small>

342. Œuvres de J.-J. Rousseau, avec des notes historiques (par Petitain). *Paris, Lefèvre*, 1819-1820. 22 vol. gr. in-8, portr. de Leroux et fig. de Desenne, cart., *non rognés*.

> Bel exemplaire en GRAND PAPIER VÉLIN, avec figures AVANT LA LETTRE.

343. Recueil de pièces galantes, en prose et en vers, de madame la comtesse de la Suze, d'une autre dame, et de monsieur Pelisson, augmenté de plusieurs Élégies. *Sur la copie, à Paris, chez Gabriel Quinet*, 1678, 4 tomes en 2 vol. in-12, mar. brun, dos orné, fil., tr. dor.

> Recueil contenant un certain nombre de pièces de vers de Corneille et de Molière.

HISTOIRE

I. HISTOIRE UNIVERSELLE

344. Discours sur l'Histoire universelle, pour expliquer la suite de la Religion et les changemens des Empires, par messire Jacques-Bénigne Bossuet. *A Paris, chez Séb. Mabre-Cramoisy*, 1681. In-4, mar. la Vallière jans., tr. dor. (*Cuzin.*)

> ÉDITION ORIGINALE. Bel exemplaire.

345. Discours sur l'Histoire universelle, par Bossuet; édition augmentée des nouvelles additions et des variantes de texte. *A Paris, chez Lefèvre*, 1825. 2 vol. in-8, demi-rel., dos et coins mar. bleu, tête dor., *non rognés*. (*Petit*.)

>GRAND PAPIER JÉSUS VÉLIN. De la Collection des Classiques françois.

346. Almanach généalogique, chronologique et historique pour l'année 1747, contenant la succession des principaux Souverains du Monde, tant-anciens que modernes, celle des Princes, Ducs et Pairs de France, etc. *Paris, Ballard fils*, 1747. In-12, mar. rouge, dos orné, dent., tr. dor. (*Rel. anc.*)

II. HISTOIRE DES RELIGIONS

MYTHOLOGIE. — HISTOIRE DE L'ÉGLISE. — VIES DES SAINTS

347. Mythologie des Dames, par M. Brès. *Paris, Louis Janet* (*impr. de P. Didot l'aîné*), s. d. Pet. in-12, fig., mar. vert, dos orné, dent., tr. dor. (*Rel. anc.*)

>PAPIER VÉLIN. Une vignette sur le titre et 9 figures finement coloriées.

348. Vincentii Chartarii Rhegiensis Imagines Deorum qui ab Antiquis colebantur, una cum earum declaratione, et Historia in qua simulacra, ritus, cæremoniæ magnaque ex parte veterum religio explicatur, etc. *Francofurti, Lup. Bourgeat*, 1687. In-4,

88 pl. gravées sur cuivre, veau racine, doublé de mar. rouge, dent., tr. dor. (*Rel. anc.*)

<small>La reliure porte sur le dos et dans la doublure les armes du comte de Toulouse, amiral de France, fils de Louis XIV et de Mme de Montespan.</small>

349. Discours sur la nature et les dogmes de la religion gauloise, par M. de Chiniac de la Bastide du Claux, avocat au Parlement. *A Paris, chez Butard*, 1769. In-12, mar. rouge, dos orné, fil., tr. dor. (*Rel. anc.*)

<small>Bel exemplaire en papier fort aux armes de Louis XV.</small>

350. Vita et processus sancti Thome Cantuariensis martyris super libertate ecclesiastica. (Au r° du dernier f. :) *Impressus parisiis per mgrm Johannem Philippi (Alemanū). Anno dñi millesimo quadringentesimo nonagesimo quinto* [1495]. In-4 goth. à 2 col., veau fauve, dos orné, fil., tr. dor. (*Rel. anc.*)

<small>Bel exemplaire de cette rare édition de la vie du célèbre archevêque de Cantorbery, Thomas Becket. Cette compilation, œuvre de Henri, abbé de Croyland, est connue sous le nom de *quadrilogue*, parce que c'est un extrait des quatre principaux auteurs qui ont écrit l'histoire du saint archevêque : Jean de Salisbury, Herbert de Boscham, Guillaume, sous-prieur de Cantorbery, et Alain, abbé de Teuskburi.
Exemplaire provenant de la bibliothèque du duc de Sussex.</small>

351. L'Alcoran des Cordeliers tant en latin qu'en françois, c'est-à-dire, recueil des plus notables bourdes et blasphèmes de ceux qui ont osé comparer sainct François à Jésus-Christ, tiré du grand liure des Conformitez jadis composé par frere Barthelemi de Pise, Cordelier en son viuant ; nou-

velle édition, ornée de figures dessinées par B. Picart. *A Amsterdam, aux dépens de la Compagnie,* 1734. 2 vol. in-12, fig., mar. vert, dos orné, fil., tr. dor. (*Rel. anc.*)

Bel exemplaire.

III. HISTOIRE ANCIENNE

HISTOIRE DES JUIFS, DES GRECS ET DES ROMAINS

352. Justinus de Historiis Philippicis et totius mundi originibus, interpretatione et notis illustravit P. Jos. Cantel, jussu Christianissimi Regis, in usum serenissimi Delphini. *Parisiis, apud Fred. Leonard,* 1677. In-4, front. gravé, mar. rouge, dos orné à l'oiseau, fil., tr. dor. (*Derome.*)

La marge inférieure du frontispice est rognée.

353. HISTOIRE DES JUIFS, écrite par Flavius Joseph, sous le titre de Antiquitez judaïques, traduite sur l'original grec reveu sur divers manuscrits par Monsieur Arnault d'Andilly; nouvelle édition. *A Paris, chez Roulland,* 1717. 4 vol. — Histoire de la Guerre des Juifs contre les Romains. Réponse à Appion, Martyre des Machabées, par Flavius Joseph, et sa Vie écrite par lui-même, avec ce que Philon, juif, a écrit de son ambassade vers l'empereur Caïus Caligula, par M. Arnault d'Andilly. *A Paris, chez Roulland,* 1719. 1 vol. — Histoire des Juifs depuis Jésus-Christ jusqu'à présent (par Jacq. Basnage, revue par L. Ellies du Pin), contenant les Dogmes des Juifs,

HISTOIRE.

leur Confession de foi, leurs Variations et l'Histoire de leur religion depuis la ruine du Temple, pour servir de supplément et de continuation à l'Histoire de Joseph. *A Paris, chez L. Roulland,* 1710. 7 vol. Ensemble 12 vol. pet. in-8 réglés, fig., mar. rouge, dos orné, fil., doublé de mar. rouge, dent., tr. dor. (*Rel. anc.*)

Très-bel exemplaire.

354. De l'Expédition de Cyrus, ou de la Retraite des Dix-Mille, ouvrage traduit du grec de Xénophon, par M***** (le comte de la Luzerne). *A Paris, chez L. Cellot et A. Jombert,* 1777. In-8, cartes, mar. rouge, dos orné, armoiries, fil., tr. dor. (*Rel. anc.*)

Première édition de cette traduction.

355. Voyage du jeune Anacharsis en Grèce, dans le milieu du quatrième siècle avant l'ère vulgaire (par Barthelemy). *A Paris, chez De Bure l'aîné,* 1788. 4 vol. in-4 et atlas, mar. rouge, dos orné, dent., doublé de tabis, tr. dor. (*Rel. anc.*)

Bel exemplaire en grand papier de l'édition originale.

356. C. Julii Cæsaris quæ exstant ex emendatione Jos. Scaligeri. *Lugduni Batavorum, ex officina Elzeviriana,* 1635. In-12, titre gravé, mar. rouge, dos orné, fil., tr. dor. (*Rel. anc.*)

M. Willems annonce ce volume dans son ouvrage sur les Elzevier, comme la production la plus parfaite de ces célèbres imprimeurs.
Hauteur : 122 mill.

357. C. Velleius Paterculus cum selectis variorum notis; Antonius Thysius J.-C. edidit et accurate recensuit.

Lugd. Batav., ex officina Hackiana, 1668. In-8 réglé, mar. rouge, dos orné, fil., doublé de mar. rouge, dent., tr. dor. (*Boyet*.)

>Belle reliure.

358. LUCAN, SUETOINE ET SALUSTE en francoys. (A la fin :) *Cy finist lucan, suetoine et saluste en françoys. Imprime a Paris le xvii iour de septembre mil cinq cens* [1500] *pour Anthoine verard marchant libraire demourant audit paris pres petit pont a lymage saint Jehan leuangeliste...* In-fol. goth. à 2 col., fig. sur bois, veau, fers à froid.

>Superbe exemplaire de cette précieuse édition.
>Ce volume n'est pas, comme le titre semble l'indiquer, une traduction des trois auteurs qui sont nommés, mais une histoire composée d'après leurs ouvrages.
>Le titre porte une très-belle lettre L historiée, ayant 235 mill. de hauteur.

IV. HISTOIRE MODERNE

1. HISTOIRE DE FRANCE ET HISTOIRE PARTICULIÈRE DES VILLES DE FRANCE

359. LES PASSAIGES DOULTREMER faictz par les françoys. Nouuellement imprime. (A la fin :) *Cy finist les passaiges doultremer faictz par les françoys auecques plusieurs addicions recueillies de plusieurs operations dudict voyage et faictz darmes faictz par lesdictz françoys et aultres seigneurs ayans eu la deuotion de deffendre ladicte terre saincte. Nouuellement imprime a Paris le vingt septiesme iour de*

nouembre lan mil cinq cens et dixhuyt [1518]. *Par Michel le Noir libraire iure en luniuersite de Paris demourant en la rue sainct Jacques a lenseigne de la rose blanche couronnée.* In-fol. goth. à 2 col., fig. sur bois, mar. brun, orn. à froid, tr. dor.

<small>Deuxième édition de cet ouvrage attribué à Sébastien Mamerot. De la bibliothèque Ambr. Firmin-Didot.
Raccommodages au titre et aux derniers ff.</small>

360. Mémoires de messire Philippe de Comines, seigneur d'Argenton, contenans l'Histoire des rois Louis XI et Charles VIII depuis l'an 1464 jusqu'en 1498, augmentez de plusieurs traittez, contracts, testaments, actes et observations, par feu M. Denys Godefroy ; dernière édition, divisée en III tomes, enrichie de portraits en taille-douce et augmentée de l'Histoire de Louis XI, connue sous le nom de Chronique scandaleuse. *A Brusselle, chez François Foppens,* 1714. 4 vol. in-8, réglés, portr., mar. rouge, dos orné, fil., incr. de mar. vert, milieux, tr. dor. (*Rel. anc.*)

361. Discours simple et véritable des rages exercées par la France, des horribles et indignes meurtres commiz es personnes de Gaspar de Colligni, et de plusieurs grandz Seigneurs, gentils-hommes et aultres illustres et notables personnes. Et du lâche et estrange carnage faict indiferemment des chrestiens qui se sont peu recouurer en la plus-part des villes de ce royaulme sans respect aulcun, de sang, de sexe, age, ou condition. Le tout traduict en françois, du latin d'Ernest Varamond de Frise. Auquel est adiousté en forme de Paragon, l'Histoire tragique

de la cité de Holme, saccagée contre la foi promise l'an 1517, par Christierne second, roy de Dannemarch, et de la punition diuinement faicte de ce Tyran et de son archeuesque Gostaue : extraicte de la Cosmographie de Monster. *Imprimé à Basle, par Pieter Vallemand,* 1572. Pet. in-8, vélin.

ÉDITION ORIGINALE.

On trouve dans ce même volume : Ornatissimi cuiusdam viri, de rebus gallicis, ad Stanislaum Eluidium Epistola. Et ad hanc de Iisdem Rebus Gallicis Responsio, 1573. — Et : Response à une epistre commenceamt (*sic*), Seigneur Eluide, où est traitté des massacres faits en France, en l'an 1572. Par Pierre Burin, à messire Guillaume' Papon. *A Basle, par Martin Cousin,* 1574.

362. LA VIE DE MESSIRE GASPAR DE COLLIGNY, seigneur de Chastillon, admiral de France, à laquelle sont adioustés ses Memoires sur ce qui se passa au siege de S. Quentin. *A Leyde, chez Bonaventure et Abraham Elzevier,* 1643. In-12, mar. vert, dos orné, fil., doublé de mar. rouge, dent., tr. dor. (*Cuzin.*)

Bel exemplaire. Hauteur : 132 mill.

Les *Mémoires sur les choses qui se sont passées durant le siège de Saint-Quentin* ont un titre et une pagination séparés.

363. Recueil de diverses pièces servant à l'Histoire de Henri III, roy de France et de Pologne. *A Cologne, chez Pierre du Marteau,* 1663. In-12. — Discours merveilleux de la vie, actions et déportemens de la reyne Catherine de Médicis. *Suivant la copie imprimée à la Haie,* 1663. In-12. Ens. 2 ouvr. en 1 vol. in-12, mar. brun jans., tr. dor. (*Coverly.*)

Seconde édition elzevirienne, contenant les mêmes pièces que la première, imprimée à Leyde par Jean Elzevier.

HISTOIRE.

Le second ouvrage est une satire qui parut pour la première fois en 1575 et qui est attribuée à H. Estienne. L'édition est fort jolie et sort des presses elzeviriennes d'Amsterdam.

Hauteur : 129 mill.

364. HISTOIRE DU ROY HENRY LE GRAND, composée par messire Hardouin de Perefixe, reveuë, corrigée et augmentée par l'auteur. *A Amsterdam, chez Daniel Elzevier,* 1664. Pet. in-12, front., mar. bleu, dos orné, fil., tr. dor. (*Cuzin.*)

Bel exemplaire. Hauteur : 135 mill.

365. Dialogue d'entre le Maheustre et le Manant, contenant les raisons de leurs débats et questions en ces presens troubles au Royaume de France. *S. l.,* 1594. Pet. in-8 de 158 ff., fig., mar. bleu, fil. à froid, tr. dor.

Seconde édition, considérée longtemps comme la première de ce curieux ouvrage. L'auteur n'est pas connu, et ce volume a été attribué à Lazare Morin dit Cromé, à Crucé, l'un des Seize, et à Rolland, faisant également partie des Seize.

Le v° du titre est occupé par une belle figure sur bois.

Exemplaire de la bibliothèque de Ad. AUDENET.

366. Mémoires de Monsieur de Montresor. Diverses pièces durant le ministere du cardinal de Richelieu. Relation de Monsieur de Fontrailles. Affaires de Messieurs le comte de Soissons, ducs de Guise et de Bouillon, etc. *A Cologne, chez Jean Sambix le jeune,* 1663. Pet. in-12, veau brun.

Première édition, imprimée par Foppens.
Hauteur : 135 mill.

367. LA TOURAINE. Histoire et monuments, publiés sous la direction de M. l'abbé J.-J. Bourassé. *Tours,*

A. Mame et Cie, 1855. In-fol., fig., chagrin vert, armes de Tours, fil., tr. dor.

Bel exemplaire de la PREMIÈRE ÉDITION, dans sa reliure de l'éditeur.

368. HISTOIRE CIVILE ET POLITIQUE DE LA VILLE DE REIMS, par M. Anquetil. *A Reims, chez Delaistre-Godet*, 1756. 3 vol. in-12, front., mar. vert, dos orné, large dent., tabis, tr. dor. (*Dubuisson.*)

Très-bel exemplaire, aux armes de LAMOIGNON. Le dos porte alternés les macles et les hermines. Le frontispice du premier volume est imprimé sur satin.

2. HISTOIRE DE LA BELGIQUE ET DE L'ITALIE

369. Dominici Baudi induciarum Belli belgici libri tres, editio tertia prioribus emendatior. *Lugduni Batavorum, ex officina Elseviriana, anno* 1629. Pet. in-12, mar. rouge, compart. de fil. droits et courbés, milieux au pointillé avec incrustations de mar. brun, tr. dor. (*Le Gascon.*)

Jolie reliure au chiffre de Louis-Henri HABERT DE MONTMORT.

370. Conjuration des Espagnols contre la République de Venise en l'année M.DC.XVIII (par l'abbé César Vischard de Saint-Réal). *A Paris, chez Claude Barbin*, 1674. In-12, mar. rouge, dos orné, fil., tr. dor. (*Hardy.*)

ÉDITION ORIGINALE. Bel exemplaire.

371. Mirabilia, vel potius historia et descriptio urbis Romæ. S. *l. n. d.* Pet. in-8 goth. de 51 ff., fig. sur

bois, mar. rouge, dos orné, comp. à la Du Seuil, tr. dor.

Cet ouvrage est un abrégé de l'histoire de la ville de Rome ancienne et moderne. Le texte commence par ces mots : *In isto opusculo dicitur quomodo Romulus et Remus nati sunt et educati : et postea Romulus factus est primus Romanorum rex*, etc. Cette édition, comprenant 51 ff. à 23 lignes à la page, et ornée de 5 figures sur bois gravées au trait, semble être la même que celle signalée par Brunet d'après le catalogue Tross et attribuée à Euch. Silber vers 1480.

Le volume renferme une histoire de la papesse Jeanne.

V. ARCHÉOLOGIE. — BIOGRAPHIE
BIBLIOGRAPHIE

372. Discorso di M. Sebastiano Erizzo, sopra le medaglie antiche, con la particolar dichiaratione di molti riuersi, nuouamente mandato in luce. *In Venetia, nella Bottega Valgrisiana*, 1659. In-8, fig., mar. rouge, dos orné, fil. à la Du Seuil, tr. argentée. (*Rel. anc.*)

Les ornements de la reliure et les armes sur les plats sont argentés.

373. LES VIES DES HOMMES ILLUSTRES, grecs et romains, comparées l'une avec l'autre, par Plutarque de Chæronée, translatées premièrement de grec en françois, par maistre Iaques Amyot, et depuis en ceste troisiesme edition reueuës et corrigees en infinis passages par le mesme translateur, à l'aide de plusieurs exemplaires mieux escripts à la main, et aussi du iugement de quelques personnages excellents en

sçauoir. *A Paris, par Vascosan*, 1567. 6 vol. in-8.

— Les Œuvres meslées de Plutarque, translatées de grec en françois, reueuës et corrigées en ceste seconde edition en plusieurs passages par le translateur. *A Paris, par Vascosan*, 1574. 3 vol. in-8. — Les Œuvres morales et meslées de Plutarque, translatées de grec en françois, reueuës et corrigées en ceste seconde édition en plusieurs passages par le translateur. *A Paris, par Vascosan*, 1574. 3 vol. in-8. — Table très-ample des noms et chose notables contenues en tous les opuscules de Plutarque. 1 vol. — Ensemble 13 vol. in-8, mar. rouge, dos orné, fil., tr. dor. (*Rel. anc.*)

<small>Très-bel exemplaire aux armes de Bernard de Rieux. A la fin du 6° volume des *Vies des Hommes illustres*, on trouve : *Les Vies de Hannibal, et Scipion l'Africain, traduites par Charles de l'Ecluse*. A Paris, par Vascosan, 1567. In-8 de 150 pp.</small>

374. Icones, id est veræ imagines virorum doctrina simul et pietate illustrium, quorum præcipue ministerio partim bonarum literarum studia sunt restituta, partim vera religio in variis orbis Christiani regionibus, nostra patrumque memoria fuit instaurata : additis eorumdem vitæ et operæ descriptionibus, quibus adiectæ sunt nonnullæ picturæ quas emblemata vocant, Theodoro Beza auctore. *Genevæ, apud Ioannem Laonium*, 1580. Pet. in-4, 1 portr. et fig., mar. brun jans., tr. dor. *(Chambolle-Duru.)*

<small>Portraits de J. Hus, Farel, Calvin, Érasme, Luther, Mélanchthon, P. Viret, François Ier, etc. Le volume renferme 44 emblèmes gravés sur bois.</small>

375. Les Vrais Pourtraits des hommes illustres en piété

et doctrine, du trauail desquels Dieu s'est serui en ces derniers temps, pour remettre sus la vraye religion en diuers pays de la chrestienté ; auec les descriptions de leur vie et de leurs faits plus memorables ; plus, quarante-quatre emblemes chrestiens, traduicts du latin de Theodore de Besze. *A Genève, par Iean de Laon,* 1581. In-8, portr. et fig., vélin.

> Cette traduction, donnée par Simon Goulart, est plus recherchée que l'original latin de Th. de Bèze. Elle renferme quelques portraits de plus qui étaient restés en blanc. On a conservé les 44 emblêmes.

376. La Gallerie des femmes fortes, par le P. Pierre Le Moyne. *A Leiden, chez Iean Elzevier, et à Paris, chez Ch. Angot,* 1660. Pet. in-12, front. et fig., mar. orange, dos orné, fil., tr. dor. (*Cuzin.*)

> Bel exemplaire.
> Hauteur : 131 millimètres.

377. Mes Prisons, suivi des Devoirs des hommes, par Silvio Pellico; traduction nouvelle par le comte H. de Messey, revue par le vicomte Alban de Villeneuve, avec une notice biographique et littéraire sur Silvio Pellico et ses ouvrages, par M. V. Philipon de la Madelaine; édition illustrée d'après les dessins de MM. Gérard, Séguin, d'Aubigny, Steinheil, etc. *Paris, H. Delloye,* 1846. Gr. in-8, portr., front, et fig., demi-rel. dos et coins mar. bleu, tête dor., éb. (*Petit.*)

> Bel exemplaire.

378. Les Grotesques, par Théophile Gautier. *Paris, Desessart,* 1845. 2 vol. in-8, demi-rel. dos et coins mar. vert, *non rogné*. (*Petit.*)

379. Catalogue des livres, plans et cartes géographiques provenant du cabinet de feu M. Leprestre-Châteaugiron. *A Paris, chez Charon,* 1803. In-8, réglé, mar. citron, dos orné, dent., éb.

Avec les prix d'adjudication.

TABLE DES DIVISIONS

THEOLOGIE

N°ˢ

I. ÉCRITURE SAINTE.
   1. Textes et versions de la Bible et livres séparés de l'Ancien et du Nouveau Testament. 1
   2. Histoires abrégées et Figures de la Bible. 14
II. LITURGIE. 21
III. SAINTS-PÈRES. 29
IV. THÉOLOGIENS.
   1. Théologie dogmatique et morale. 32
   2. Théologie parénétique, ascétique et mystique. — Exercices de piété. — Préparation à la mort. 44
   3. Théologie polémique. 53
V. RELIGIONS ORIENTALES. 57

JURISPRUDENCE. 60

SCIENCES ET ARTS

I. SCIENCES PHILOSOPHIQUES.
   1. Philosophie. — Morale. 62
   2. Politique. 73

	N^{os}
II. Sciences naturelles. — Sciences médicales.....	75
III. Sciences mathématiques. — Sciences occultes...	77
IV. Beaux-Arts.	
Gravure. — Architecture...............	80
V. Arts divers. — Cuisine...............	99

BELLES-LETTRES

I. Linguistique......................	100
II. Rhétorique......................	102
III. Poésie.	
1. Poètes grecs...................	106
2. Poètes latins.	
A. Poètes latins anciens et modernes........	111
B. Poètes macaroniques..............	122
3. Poètes français.	
A. Troubadours, Trouvères et autres poètes jusqu'à Marot.................	126
B. Poètes français depuis Marot jusqu'à Malherbe.....................	142
C. Poètes français depuis Malherbe jusqu'à nos jours.	
a. *Poésies de divers genres*..........	169
b. *Poèmes didactiques et badins*........	177
c. *Fables, Contes, Idylles*...........	181
d. *Satires, Énigmes*..............	192
e. *Poésies gaillardes et burlesques*......	196
f. *Recueils de poésies*..............	208
D. Chansons..................	211
4. Poètes italiens, anglais et Allemands.......	214
IV. Poésie dramatique.	
1. Généralités....................	227
2. Poètes dramatiques latins.............	228
3. Poètes dramatiques français............	230

TABLE DES DIVISIONS.

                                                                                    Nos

V. Romans et Contes.
    1. Romans grecs. 261
    2. Romans français.
        A. Romans de chevalerie. — Romans en prose poétique. 262
        B. Romans de divers genres. 270
        C. Contes et nouvelles. 303
    2. Romans et contes italiens, espagnols et anglais. 309

VI. Facéties.
    Facéties de divers genres. — Ouvrages relatifs à l'amour, aux femmes et au mariage. — Dissertations singulières. 314

VII. Philologie.
    Satires. — Anas. — Entretiens. 326

VIII. Épistolaires. 331

IX. Polygraphes. — Extraits de différents auteurs. 334

HISTOIRE

I. Histoire universelle. 344
II. Histoire des Religions. — Mythologie. — Histoire de l'Église. — Vies des saints 347
III. Histoire ancienne.
    Histoire des Juifs, des Grecs et des Romains. . . . 352
IV. Histoire moderne.
    1. Histoire de France et histoire particulière des villes de France. 359
    2. Histoire de la Belgique et de l'Italie. 369
V. Archéologie. — Biographie. — Bibliographie. . . 372

Paris. — Typ. G. Chamerot, 19, rue des Saints-Pères. — 19537.

PARIS

TYPOGRAPHIE GEORGES CHAMEROT

19, RUE DES SAINTS-PÈRES, 19

www.ingramcontent.com/pod-product-compliance
Lightning Source LLC
Chambersburg PA
CBHW070518100426
42743CB00010B/1856